奇蹟課程釋義

學員練習手冊 行旅

Journey through the Workbook of A Course in Miracles

第七冊（151 ～ 160 課）

肯尼斯・霍布尼克博士（Kenneth Wapnick, Ph.D.）◎著

若　水◎譯

奇蹟課程基金會授權出版

目　次

第一百五十一課

萬物都是上主天音的迴響

本課推出了兩個重要主題：「判斷的作用」以及「身體舉足輕重的地位」，這可說是了解小我思想體系的關鍵。「萬物都是上主天音的迴響」，這一觀念其實是繼續引申「複習四」的主旨「我的心靈只懷有與上主共同的想法」。這些觀念必會引發很深的隱憂：我若透過聖靈的目光去看世間萬物（也就是小我的夢境），一切必然改觀，我們不再看到攻擊，也不再追求滿足；反之，眼之所見，若非愛的流露，就是愛的求助（T-14.X.7:1~2）。這種慧見之所以令我們惴惴不安，只因它讓我們意識到身體的無足輕重，意味著我們一點也不特殊，絕非獨一無二的生命。想一想，如果我們不是一個獨立的個體生命，那麼我們對自己和對他人根深柢固的看法，連同我們對自己所知所見的信念，全都站不住腳了，因為我們終於明白了世上的一切不過反映出心靈的分裂之念而已。這分裂之念所要抵制的，正是今天這一課所揭露的真理。

(1:1~3) **沒有人能憑著片面的證據而作判斷的。那根本稱不上判斷。只是出自無知與懷疑的一種觀點而已。**

問題是，我們的判斷全都是根據片面的證據，這正是我們註定會看走眼的原因。〈教師指南〉針對這一句話（也可說是本課前半課的觀念），提供了更為詳盡的解釋；我們先前討論過這一段（M-10.2~4），為了避免重複，我只摘錄其中相關的部分：

> 上主之師必須明白，不是他不應該判斷，而是他無法判斷。所謂放棄判斷，只不過是放棄他原本就不具備的能力。……若要正確地判斷一事一物，他必須對它的過去、現在及未來述之不盡的相關背景一清二楚才行。他還需要事先認清自己的判斷對所涉及的人或物可能產生的任何影響。（M-10.2:1~2;3:3~4）

(1:4) **它裝出肯定的樣子，其實那不過是掩飾內心不確定的一襲外衣罷了。**

這句話是指我們對自己的所知所見（更不如說，我們對世間種種事件所作的「詮釋」），經常會裝得十分肯定；但當我們表現出確信不疑的時候，我們往往必錯無疑——就是那種頑固與堅持的心態，令我們露了餡，因它反映出小我特有的反彈模式。佛洛伊德在上個世紀初，便已提出「反作用力」（reaction formation）的觀念：人們會表現出與自己潛意識信念截然相反的樣子。佛氏在第一次世界大戰期間寫的《關於戰爭與死亡的時代思考》（*Thoughts for the Times on War and Death*），書中提到了一個相當極端卻意義深遠的案例。他在1924年發表的〈禁忌、症候群和焦慮〉（*Inhibitions, Symptoms and Anxiety*）一文作了一個比較概論性的解說：

> 如此強烈的禁令只可能是針對同等強大的本能衝動而發的。可以說，針對人類從靈魂深處發出的欲望，沒有一個不需要設下禁令的。十誡之首「不可殺人」這一條誡命本身便透露了我們真是來自一個兇手世家，因為人類的血液裡天生流淌著殺人的欲望。也許這正是當今人類的寫照。（《精神分析導論》英文版第14章P.296）

> 這種矛盾所引發的衝突，累積到一個地步，就會構成另一種相當典型的後果：兩種相互矛盾的感受之一會顯得白熱化（關係愈親近，反應愈劇烈）；另外一個相反的感受便會隱匿不現。每一個強烈的情緒以及失控的現象，都足以暴露一個事實：這個情緒背後另藏隱衷，而它正在不遺餘力地壓制另一個感受，治療師便能透過這種「反作用力」（reaction formation）來推斷出我們所說的壓抑現象……。（《精神分析導論》英文版第20章P.102）

榮格就是根據佛氏這一洞見才敢說：宗教人士的狂熱心態其實是在掩飾自己的不信，否則他們不會以這麼堅韌而頑強的教條形式來確保自己的信仰。為此，具備正念心境的上主之子不會如何堅持自己是對的，他們只要**活出**自己所體會到的真理就夠了。

自從我們決心認同小我思想體系的那一刻開始，**不**確定感或懷疑便啟動了。我們先前已討論過，那個決定必然會引發我們對自己身分的懷疑：

> 於是，小我提出了它第一個問題，也是它永遠無法答覆的問題。「你究竟是什麼？」這個問題成了一切疑惑之始。（T-6.IV.2:6~7）

靈性才是上主之子的存在真相，和身體一點關係都沒有。我一旦接受了小我的個體身分，等於否定了自己的真相，如此一來，懷疑與不確定感便勢所不免了。為了保護自己，我必須堅持到底：「我是對的。」因著自我懷疑而形成的這種自我概念一旦建立之後，我們不只是在教自己而已，還會教別人這麼看待他們自己：

> 教人只是為了強化你對自己所懷的信念而已。它真正的目的是要幫你消除你對自己的懷疑。這並不表示你企圖保護的那個自我是真實的。它要說的是：你所教的不外乎你視為真實的那個自己罷了。（M-in.3:7~10）

我們就是這樣藉著外表的肯定模樣來掩飾內在隱含的不確

定感的。正因如此，我們不能不枕戈待旦地捍衛自己那個虛幻的形象。讓我們繼續讀下去：

(1:5) **它本身缺乏理性的基礎，故需要非理性的措施加以保護。**

身體和世界都屬於這類「非理性」的防禦措施，因為它要抵制的正是人心內那「非理性」的不確定感。這就是所謂的「第二道防線」，目的是保護我們免受「第一道防線」（即罪咎懼的思想體系）的煎熬。這些防禦措施一旦打造成功，我們立即「遺忘」那是自己的傑作；久而久之，這一套防禦措施變成了我的身體，用來抵制罪咎的侵襲。就這樣，非理性的罪咎打造出一具非理性的身體，自我便形成了。

(1:6) **它的防衛措施顯得強大而有說服力，不給你懷疑的餘地，只因它自己私底下充滿了懷疑。**

在此，我們再次讀到「反作用模式」的後遺症，內心的不確定感和恐懼反而激發了傲慢的自信：「只有我才知道真相。」這種自以為是的傲慢，其實是在抵制內心一個可怕的聲音：「你什麼也不知道，你連自己是什麼都不知道！」正因為人心根深柢固的懷疑，人類才會打造出一個外觀相當堅實的世界，以及十分具體的身體，再配上一副大腦，負責詮釋感官從外界搜集來的資訊，如此，它才能理直氣壯地宣稱：「是的，這個世界不只真實而且充滿了意義；你若看不出它的意義，讓聰明的我為你解釋吧！」不少奇蹟學員也懷有類似的傲慢，根據**一己的經驗**來解讀《奇蹟課程》，殊不知這種心態本身其實屬於一種防禦機制，企圖掩飾自己的懷疑和不確定感，才會以「護教心態」對《課程》的教誨作出偏差的解讀，證明自己確實知道。

接著，我們進入身體的主題：

(2:1~3) **你好似從不懷疑自己所見的世界。你也從未認真地質問過肉眼顯示給你的一切。縱然你明知自己常受感官的蒙蔽，你卻不反問自己為什麼仍然那麼相信它。**

每個人都有過被感官蒙蔽的經驗。比方說，我們在高中的幾何學就已學過「平行線永不相交」的定律，那和我們的視覺經驗恰好相反。我們只要朝著地平線望去，就會看到天空和海水交匯一處；但我們知道事實並非如此。還有童年的恐怖經歷，夜間聽到樹葉在風中沙沙作響，或樹枝撞擊窗戶的聲音，我們就會認定有壞人或是怪物入侵了。這些都表明感官的不可靠，縱然我們明知感官只是小我的爪牙，存心蒙蔽我們，我們卻對感官經驗到的一切始終堅信不疑，讓我們一起來讀一段〈正文〉引言：

> 莫讓你的眼睛矚目於夢境，也莫讓你的耳朵為幻相作證。它們原是為了去看那不存在的世界、去聽那不存在的聲音而造出的。……眼睛及耳朵是毫無覺知的知覺器官，它們只是向你報告自己的所見所聞而已。真正在聽、在看的是你，不是它們；是你把那些本無意義的片段，東一點、西一塊地拼湊成一個見證，證明

你想要看到的世界是真的。（T-28.V.5:3~4,6~7）

(2:4) **更奇怪的是，你只要靜靜回想一下，那些證據有多少次證實是錯的，你仍相信它們所報導的每一個細節。**

這一觀點不僅適用於肉體感官，也適用於內心對外在事物的詮釋。比如說，我們十分確信自己是對的事，後來才發現自己解讀錯誤。讓我們重溫一下先前讀過的一段引言：

> 只要記得，有多少次你認為自己知道所有的「事實」，胸有成竹地作了判斷，結果卻錯得離譜！有誰沒有這種經驗？又有多少次你自以為是對的，其實是錯的，卻毫不自覺？（M-10.4:1~3）

(2:5) **為什麼你會對它們如此深信不疑？**

耶穌在〈正文〉中也提出類似的反問：

> 不要向那陌生的過客〔小我〕請教「我究竟是什麼」。整個宇宙就只有他不知道。你卻偏偏向他請教，並且還按照他的答覆來調整自己。使得浩瀚如宇宙的真理原本不屑一顧的那個渺小而荒謬的瘋狂一念，如今神氣十足地擔任起你的嚮導。你開始向那渺小一念請教宇宙的意義。在浩瀚如宇宙的真理前，你竟會向那個盲目的嚮導請教：「我該怎樣看待上主之子？」

有誰會向一個徹底喪失判斷能力之物請教？請教之後，你能不相信它的答覆嗎？你能不奉為圭臬地調整自己嗎？（T-20.III.7:5~8:2）

(2:6) **不正是那隱藏心底的懷疑，使你不得不裝出一副肯定不疑的模樣來掩飾這一事實？**

這句話可說是上一句課文的答覆，依據的仍是「反作用力」原理。我們之所以如此信任身體，只因身體純是為實現小我的計畫而存在的，它要保住我們的個體身分，讓我們徹底失心。由此可知，身體也只可能存在於一個無意識的物質世界裡，目的是讓我們堅信不疑，認為身外的物質世界才是唯一的現實。這種「偽確定性」最終的目的，正是為了掩飾人心深藏不露的恐懼。只因聖子在無始之始作過一個選擇，寧可放棄上主的確定性而接受了小我的懷疑，從此，他再也無法肯定任何事了。

(3) **你怎麼作判斷？你的判斷完全依靠感官所提供的證據。沒有比這更虛妄的見證了。然而，除此以外，你還能怎樣去評判眼前的世界？你那可憐的信心只能依賴眼睛耳朵的報導。你以為自己親手摸到了實物，便掌握了真相。其實，你所了解的只是自己的知覺，它在你心目中比上主的永恆天音所給的見證更為真實。**

這個觀念反覆出現於整部課程，可見它的重要性。當耶穌說我們不是一具身體時，絕非一個比喻而已，他可是說真的。在下一課中，他又重述了這個觀念，我們如此仰賴身體和大腦為我們詮釋心目中所認定的現實與真相，**結果必錯無疑**。只有虛懷若谷的學員才會對耶穌說：「謝天謝地，我想錯了，你才是對的。」我們對萬事萬物的看法都必錯無疑，包括自以為讀懂了《奇蹟課程》的奇蹟學員。這是因為我們意圖把身體的個體性與獨特性弄假成真的欲望如此之強，即使在深思冥想奇蹟教誨之際，也難以擺脫小我的陰影；正是這個與特殊性認同的我淹沒了「上主的永恆天音」。這個觀念我們已討論過很多次了，例如：

> 如果你請教、答覆與聆聽的對象，都是這一特殊性，你可能接收到聖靈什麼樣的答覆？上主不斷以愛讚頌你的生命真相，你卻一味聆聽特殊性的喑啞回應。……只要你還在為自己的特殊性辯護，就絕對聽不到在它旁邊的聖靈之音。（T-24.II.4:3~4;5:1）

(4:1~3) 這能算是一種判斷嗎？你常聽到「不可論斷別人」的勸諭，那不是企圖剝奪你的權利。而是因為你根本沒有判斷的能力。

耶穌多處說過，我們毫無判斷的能力，讓我再引用一段〈正文〉來印證一下：

> 不要判斷，因為你沒有判斷的能力，而不是因為你也是個可憐的罪人。（T-25.VIII.13:3）

我們不應判斷，不是因為判斷不好，或是判斷會導致犯罪，而是因為我們「根本沒有判斷的能力」。因為每個判斷都出於小我思想體系，其動機不外乎維護自己的個體性，企圖證明上主是錯的、自己這一套才是對的。出於這一動機的判斷必然站不住腳，因為它的出發點本身就是一個大幻覺——這個說法，又回到了「觀念離不開它的源頭」的道理。

(4:4) 你只能相信小我的評判，而那是徹頭徹尾的錯誤。

我們沒有權利決定「什麼才是真相」，只有在夢中，我們有權決定「什麼才是真相」的自由。以下的論點我們已經讀過很多次：

> 平安是靈性的天賦遺產。每個人都有拒絕自己遺產的自由，卻沒有建立遺產的自由。（T-3.VI.10:1~2）

(4:5) 它〔小我〕會謹慎地引導你的感官，證明你是何等的軟弱無能，何等的無助，你理當擔憂那罪有應得的懲罰，你已被罪污染得漆黑，被內疚壓得抬不起頭來。

這一段話言簡意賅地道出小我的本質，即是「罪咎」以及「天譴」的恐懼。身體正是為這個醜陋的連體嬰而存在的，幸好，這個連體嬰不存於我的心靈內，只存在身體上，而且處處受制於身外的人事物。這就是小我思想體系在世界之夢為我們打造的現實，它和我的或他人的身體休戚相關，與我心靈的決定其實並沒有任何關係。這一段話同時又間接告訴我們，身體存心讓我們吃盡苦頭，只要看看身體的複雜結構、生理和心理的感官機制，便不難看出身體確實包藏禍心。小我打造出會痛的身體，證明我們罪有應得；這種詮釋不只啟動了罪咎懼，還讓這種感受根深柢固地紮根於身體內。

(5:1) **小我所說且為之辯護的這個東西會告訴你，那就是你。**

耶穌曾說過，這個自我只是一個可笑的贗品，企圖取代上主所創造的自性：

> 那企圖模仿上主造化來取代你的創造的拙劣贗品，究竟是什麼？（T-24.VII.1:11）

> 這實在有辱上主的造化。（T-24.VII.10:9）

我們一旦把這具身體當成自己，必會意識到自己已為這個生命而毀掉了自性，內心不可能不充滿罪咎。於是，身體成了罪惡的象徵，讓我們不得不將這罪咎投射到他人身上，這麼一來，又得卯盡全力去防衛並抵制那個罪人的反擊了。這種「**攻擊—防衛**」的惡性循環，在第一百五十三課中還會有更詳盡的說明。

(5:2~4) **你冥頑不靈地相信這一事實。然而內心仍會暗暗懷疑它所顯示給你的現實，雖然它裝得信心十足，其實連它自己都不相信。它所詛咒的只是它自己。**

耶穌再次揭示了我們的傲慢固執，外表堅持自己是對的，暗地裡，始終有一隻定罪的手指，指向那窩藏了恐懼不安且充滿了疑慮的心靈。我們為了壓制這窩藏恐懼的心靈，才打造出這個世界，並且塞進一堆我們認定罪孽深重的惡人。縱然我們心知肚明自己才是始作俑者，卻不難找出能為自己的悲慘處境負責的人，例如父母或其他代罪羔羊。為此，我們心內有一部分知道自己的虛偽，而且心中有數，自己認定的事實其實是自己捏造的，只要看看自己的過度反應，便不難看出這「反作用力」背後的玄機。

(5:5~6:1) **因它在自己內看到了罪咎。它在你身上看到的其實是自己的絕望。別再聆聽它的聲音了。**

　　耶穌在《奇蹟課程》屢次呼籲我們，別再聽信小我那一套，而應聆聽他的聲音：

> 現在就辭去你自以為師的角色吧。……因你被自己誤導已深。（T-12.V.8:3;T-28.I.7:1）

　　然而，在奉行他的教誨之前，我們總得先分辨出小我是怎麼教我們的。如此，我們才會明白耶穌為何用這麼多的篇幅來揭露「特殊性」的防衛機制，因為我們若意識不到處處作祟的特殊性，哪有機會去翻小我的案？

(6:2~4) **它所派出的虛假見證，只是為了把它的邪惡推到你的身上；它們盡說些自己根本不知道的事情，還說得如此肯定。你對它的信念變得如此盲目，因為你不想承受連它的主人都擺**

脫不了的懷疑之苦。你認為懷疑它的爪牙，無異於懷疑你自己。

「它的爪牙」指的就是小我的奴僕，即是身體和感官。我們從不懷疑感官的經驗，因為小我再三警告我們，你若膽敢質疑知見世界的真實性，必會將我們逼回心靈，赤裸裸地面對那令人避之猶恐不及的恐怖家園。不妨再回想一下，小我是怎麼用罪咎懼打造出第一道防線而致使我們對心靈敬而遠之的；接著又打造出世界、身體以及腦神經系統，窩藏我們心內真正害怕的東西。心靈一旦變成一個恐怖之地，我們別無選擇，只能轉而相信身體了；而我們相信什麼，必會把它當真。自我意識便如此這般地由心靈轉到身體去了，從此，匍伏在罪咎懼之神的腳下，自甘成為它的爪牙。

(7:1) **然而，你必須學習懷疑那些證據，才可能認出自己的真相，只讓上主的天音來為你評判什麼才是值得相信之物。**

透過這部《奇蹟課程》，我們向耶穌學習如何質疑感官所提供的證據而逐漸出離苦海，不僅意識到自己並非這具身體，同時也識破世間的思維模式原是為了守護小我的個體性和特殊性而形成的。故唯有質疑小我和世界，才有解脫的希望，而這是有待學習的。因為小我不斷恐嚇我們，若敢質疑它的存在，必會被心內的恐怖祕密所摧毀，我們才會打造出世界和身體，與可怕的心靈抗衡。

也因此，耶穌告訴我們，若要得到本課程的真傳，必須自動質問內心所珍惜的每一個價值觀（T-24.in.2:1），唯有虛心地對耶穌說：「你說的是對的，只有你知道真正的答案，這是我唯一的幸福源頭。」耶穌所知的答案不在這個世界裡，反之，他要幫我認出，世上的一切充其量只是一套防禦機制而已。〈教師指南〉有一段話，勸勉我們向那唯一能替我們作出判斷的聖靈請益，唯有轉向祂（或耶穌），我們才可能獲得內心真正渴望的平安：

> 只有與你同在的「那一位」的判斷才是完美無缺的。……因此，放下判斷吧，你會了無遺憾的，只是充滿感激的一聲輕嘆。如今總算擺脫那壓得你寸步難行的沉重負擔。……如今，上主之師終於可以如釋重負，挺起身子踏著輕盈的腳步前進。……他的操心掛慮也會煙消雲散，因他沒有任何值得牽掛之事了。他已經把它連同自己的判斷都一起交託出去。他也把自己交託給祂了，如今他已下定決心信賴祂的判斷，不再聽信自己的評判。（M-10.4:7;5:1~2,5,7~9）

是的，我們遲早能體會出下面這段話的智慧，而且樂於以此自勉：

> 你若不以評判的心態對待自己及你的弟兄，那種如釋重負的平安絕對超乎你的想像。（T-3.VI.3:1）

(7:2~4) 祂〔聖靈〕絕不會叫你按照肉眼之見，或是你們口耳相傳的話，或是你能觸摸到的一切，來評判你的弟兄。祂會越過這些無謂的證據，因為它們全是上主之子的假見證。祂只認得上主所愛的人；透過祂神聖的光明，你在小我夢境裡的所有面目都會在祂莊嚴的眼神下銷聲匿跡。

然而，正因為我們對小我之言如此深信不疑，我們若想在自己和他人身上看到那種莊嚴神聖的本質，就必須先撤除心內所有的雜音。到時候，我們便會明白身體及大腦的知見和真理不可同日而語。由之，我們才甘心尋找不同的見證，只願著眼於寬恕的象徵而非罪，著眼於愛的象徵而非恨，療癒而非痛苦，生命而非死亡。

> 上主的偉大「見證」不會去看任何對身體不利的證據。祂也不會去聽那些頂著其他名字或他種方式證明身體真實的見證。聖靈知道身體不是真的。……祂會針對每個死亡的見證，為你指派一位生命的見證，證明你其實活在上主內；而上主對死亡一無所知。聖靈帶來的每個奇蹟都會為你證明身體是虛幻的。祂會撤換罪的一切見證，治癒身體的快感與痛苦，因兩者對祂全是同一回事。……正如恐懼會為死亡作證，奇蹟則成了生命的見證。……瀕死之人活下來了，亡者復生了，痛苦也消逝了。然而，奇蹟不是為自己發言，它只會為自己所代表的「那一位」發言。

愛在罪的世界中也有屬於自己的一群象徵。奇蹟之所以有寬恕效果，正因它足以代表那超越寬恕且真實無比的愛。……只要你決心讓愛的象徵取代罪的見證，真理必會向你啟示的。（T-27.VI.4:1~3,7~9;5:7,9~10;6:1~2;8:6）

唯有罔顧小我的見證，我們才可能越過自己的分別心以及個別利益（那正是身體與生俱來的知見），邁向一體慧見和共同的願景（這才是上主唯一聖子的心靈與生俱來的慧見）。

(8:1) 讓祂來評判你的真相，在祂內一切如此確定，沒有一絲懷疑能藏身其間，因為它所依據的永恆不易性是如此偉大，所有的懷疑在它面前頓失意義。

聖靈之見必然反映出上主的肯定性，我們若存心抵制這種肯定性，不消說，必會感到「不」確定而疑慮叢生了；而這正是一切恐懼之始。讓我們讀一下〈正文〉「在你內的基督」那一節的結尾所描述的肯定不疑之美妙境界：

必然先有疑慮，才可能引發衝突。你的每個疑慮總是針對你自己。基督卻從不懷疑，祂的寧靜全然出於自己的肯定不疑。祂樂於用自己的肯定取代你的疑慮，只要你願接受祂與你確是同一個生命；你們的一體生命無始無終，無邊無盡，卻又近在咫尺，伸手可及，只因你的手即是祂的手。祂既活在你內，又在你的身

> 邊，還會在前面為你領路，那是祂尋回自身圓滿的必經之途。祂的寧靜遲早會轉為你內心的肯定。肯定一旦出現，懷疑還能藏身何處？（T-24.V.9）

(8:2~4) **基督不可能懷疑自己。上主的天音只會向祂致敬，為祂的完美及永遠清白無罪而歡欣不已。經祂「審判」過的人，面對罪咎只會一笑置之，再也不受罪的玩弄；他在基督聖容的極樂中，再也不會聽信身體顯示的一切證據了。**

愈懂得向聖靈求助的人，愈能把世間的種種不當作一回事，這種人自然會愈來愈仁慈，樂於服務他人，常向他人伸出援手，活成聖靈之愛在人間的倒影。話說回來，「把世間的種種不當作一回事」，並不意味著我們對自己和他人的苦難麻木不仁，只意味著我們對痛苦的看法改變了，不再助長小我的氣焰，企圖毀滅永存人心的真愛。唯有如此，聖靈的寬恕美夢方能一舉取代小我的罪咎及死亡之噩夢，那時，面對世間諸多的噩夢，我們才笑得出來：

> 安息於聖靈吧！讓祂溫柔的夢取代你那恐怖的死亡之夢。在祂給你的寬恕之夢中，再也沒有誰是兇手或誰是受害者的問題。在祂賜你的夢裡，既沒有謀殺，也沒有死亡。雖然你仍閉著雙眼，但罪咎之夢已逐漸由你眼前消逝。微笑開始在你沉睡的臉龐綻放。你終於能夠安心入眠了，此後，你只會作幸福的夢。（T-27.VII.14:3~8）

(9:1) **這就是祂對你的「審判」。**

聖靈從不著眼於幻相，自然不會把我們想要弄假成真的身體或罪念當一回事。為此之故，我們從祂那兒接受的「審判」，也只可能是愛：

> 你是聖潔、永恆、自由而且圓滿無缺的，永遠安息於上主的天心內。如今世界在哪裡？哀傷又在哪裡？（M-15.1:11~12）

(9:2~7) **接受聖言告訴你的真相吧！因為祂會為你的美妙造化作證，還有那創造出你實相的天心與聖念。身體對於徹底了知天父及聖子之榮耀的基督還有何意義？祂豈會去聽小我的私語？祂豈會相信你真的有罪？讓祂來評判你在世的一切遭遇吧！祂的課程能幫你在幻相與真相之間搭起一座橋樑。**

若想蒙受上述的「審判」，我們必須鼓起勇氣向祂告白：「我之所以不安，是因為我受到特殊性的吸引，如今我知道自己看走了眼，以為這些快樂和痛苦出於我的身體，而非心靈的決定。」耶穌在第九段告訴我們：聖靈毫不在乎身體層次發生了什麼事，也不在意我們心目中重視的問題，祂只存在心靈內，也只會看到心靈，絕非罪咎懼和身體的防禦伎倆所能及，故小我的雙重遮眼機制再厲害也蒙蔽不了聖靈。向聖靈求助，意味著一個小小的願心，不再和這個有名有姓、由生理/心理構成的自我認同了，在這願心之下，我們開始接受聖靈所賦予身體的意義及目的，把身體當作交流和共融（而非分裂及攻擊）的工具。

> 你應記得，根據聖靈的詮釋，身體只是一種交流工具。聖靈才是上主與分裂兒女之間的交流管道，祂能憑著祂的光明自性重新詮釋你妄造出來的一切。小我依賴身體進行分裂。聖靈則藉身體與人相通。你目前無法以聖靈的眼光來看待弟兄，因為你還無法把身體純粹視為結合心靈的媒介，也就是結合你我及所有的心靈。
>
> 你若把身體當作攻擊的武器，它對你就會百害而無一利。你若能把身體當作一種媒介，向其他仍然相信自己只是一具身體的人示範，身體不是攻擊人的武器，你才可能看出自己心靈的大能。……身體若能為合一之境效力，它便成了教導共融的美妙課程；在達到共融境界以前，身體仍有存在的價值。……聖靈對身體的看法與你的觀點大相逕庭，因為祂知道，「恪盡天職，完成天命」才是萬物的唯一真相。（T-8.VII.2:1~5;3:1~2,4,6）

當我們接受了聖靈對身體全新的詮釋之後，身體便轉化為覺醒的工具，成為幻相與真相之間的橋樑。藉著這一工具，我們會憶起自己就是基督，且與基督永恆交流。

(10:1) **祂會撤去你對痛苦、災難與死亡所持的所有信念。**

言下之意，我們必須交出原先投注在痛苦和災難的信念，聖靈方能幫我們撤除這類信念。我們若還戀戀不捨，祂是不會強行奪走的。要知道，奇蹟不是怪力亂神，我們不能對耶穌說：「我深愛著你，但我不能不為此事感到痛苦，請你消除這個痛苦吧！」我們若真愛他，自然不會用憤怒或痛苦把愛推走。為此，我們必須先交出自己抵制愛的小動作，他才撤除得了這些障礙。

(10:2~3) **祂會賜你慧見，越過這些悽慘的表相而看見基督的安詳面容。從此，你不再懷疑自己是上主的愛子，只有好事才會發生在你身上，因祂會幫你重新評估一切經歷，並讓你學到所有事件背後要教你的唯一課題。**

請記得，耶穌並不要求我們否認肉眼所見的現象，他**只**要求我們跳脫到夢境之外，和他一起重新去看現象下面所隱藏的內涵。一旦置身於戰場之上，又有他陪伴在旁，一切都必將改觀，我們會親眼看到世界確實是一場虛無的夢。我們終於明白了，從前認為能帶給自己救恩或痛苦之物，原來也是同樣的一個大幻覺而已。於是：

> 大門霎時開啟，使基督聖容得以照耀在他身上；因他在純潔無罪中生出一願，甘心跨越自己因不想著眼於你內的基督而對你執著已久的古老成見。（T-31.VII.13:7）

所謂的「古老成見」，正是耶穌要我們看穿的罪之表相。一旦跨越這個「古老成見」，我們便會在弟兄與自己身上看到寬恕反映出來的光明真相，這種世界何其美麗！

(11:1) 祂會從中挑出一些合乎真理的部分，揚棄那些只反映無聊夢境的倒影。

再說一次，聖靈並不是能為我們一手遮天的魔術師，祂必須等我們真心接受祂的世界觀，不再想方設法將祂拉入夢境，要祂解決人間的問題，祂才有辦法替我們作出真實的判斷。換句話說，切勿把真理拉入幻境，而應把這些幻相帶到真理內；在這當中，我們所需要作的正如下文所言，以溫柔的目光看待自己的弟兄：

> 你會溫柔地夢見自己的無罪弟兄！他會與你結合於神聖純潔之境。天堂之主會親自進入這個夢喚醒祂的愛子。夢見你弟兄的仁慈吧！不要在夢中計較他的過錯了。只去夢他體貼的一面，別再追究他對你的傷害。寬恕他所有的幻相，感謝他為你帶來的所有益處。不要因為他在你夢中顯得不夠完美而不把他的禮物當一回事。（T-27.VII.15:1~6）

言下之意，寬恕才「合乎真理」，內心的怨恨只是「反映無聊夢境」罷了。

(11:2) 祂還會根據渾然一體且千古不易的唯一思想座標，重新

詮釋你所見到的一切，所有的經歷、外境，以及好似影響到你的每一事件。

聖靈不會為我們改變夢境，祂只能轉變我們對夢境的看法。從此，人間每一件事都成了學習的機會，幫我們意識到自己的心靈曾經選擇了分裂，如今，同樣的心靈也能作出不同的選擇了。

(11:3) **於是，你就會在仇恨之上看到愛，在變化中看出一貫性，在罪中看見純潔，你會看到人間充滿了上天的祝福。**

這就是我們相當熟悉的「聖靈的判斷」。在聖靈的眼中，人間所有的行為不是愛的求助就是愛的流露。當然，這並不會把人間的事情顯得更為真實，它不過是反映出心靈的決定只有兩種可能，不是選擇小我，就是選擇聖靈。如果選擇小我，我的行為便成了這一錯誤的陰影，而這無疑正是一個求助的標誌；我若選擇聖靈，我的行為則成了聖愛的倒影，反映出天國對純潔無罪聖子的永恆祝福。

(12:1~2) **這就是你的復活，因你的生命不再屬於眼前所見的一切了。它超乎身體與世界之上，凌駕所有不聖潔的見證；它在神聖本體內，如本體一般神聖。**

綜結而言，本課是在天主教的大齋期到復活節期間所記錄下來的，故採用了「復活」的象徵。耶穌所說的「生命」，乃是指我們的真實自性。真實自性不只遠在小我的第二道防線

（即世界）之外，同時也遠在小我的第一道防線（即罪咎懼思想體系）之上。當我們徘徊在小我的遙遠夢境之際，其實，我們始終……

> 安居於上主的家園，只是在作一個放逐之夢而已；你隨時可以覺醒於真相的。（T-10.I.2:1）

聖靈代表了我們對天鄉的記憶，祂教我們寬恕，將我們從死亡夢境中喚醒，這正是《奇蹟課程》對復活的定義。（M-28.1:1~4）

(12:3~4) **祂的天音透過所有的人事物向你說的一切，不外乎你的自性及與祂同體的造物主。使你得以在萬物中目睹基督的聖容，在萬物中，你只聽到上主天音的迴響。**

切莫把耶穌的話拉到身體與知見的層次。所謂「目睹基督的聖容」，即是指看到弟兄的純潔無罪。因為我們終於看到自己的種種批評不過是自我定罪的投影罷了，全都虛幻不實。唯有如此，我們的眼光方能越過醜陋的小我之恨而看到寬恕的可愛面容，我們的耳朵也方能越過小我刺耳的叫囂而聽到上主的溫柔天音。想一想，這一嶄新慧見所看到的世界，是何等的歡樂美好！

> 再想像一下你與祂並肩同行的美妙景象！想一想你和弟兄相看兩不厭的美妙神情。你們獨自流浪了那麼久，如今終於團圓了，真是天大的喜事！此刻，天堂

之門為你大開，你同時也為其他淪落天涯的弟兄開啟了天門。凡是在你內看見基督的人，都會歡躍不已。你終於看到了面紗之後的美景，還會以此美景照亮與你過去一樣淪落天涯的倦客。他們由衷感激你翩然來到他們當中，以基督的寬恕為他們袪除了罪的信念。（T-22.IV.4）

接下來，我們進入了操練的階段：

(13:1~2) **今天，除了最開始與上主同在的那段時間以外，我們的練習不再加入任何話語。每次練習只要在開始時複誦一遍今天的主題。**

這意味著我們逐漸意識到自己內心仍然想在萬物中聽到小我的迴響，也就是特殊性與分裂之音，卻不願為這種看法負責。為此，我們的首要之務是勇敢承認自己的知見無一不是為了證明自己是對的，而耶穌是錯的。唯有將這種錯誤心態化暗為明，才表示我們已經準備好接受耶穌的療癒了。這是每日練習的宗旨所在，本課也不例外。請留意，本課並沒有給予具體的提示來引導我們靜心；我們會發現這部為期一年的〈練習手冊〉，愈到後面愈少這類具體的提示。

(13:3) **然後便靜觀我們的念頭，默默地轉向祂，祂會在這些念頭中看出符合真理的部分。**

所謂「符合真理的部分」，是指我之所以選擇分裂，並非因為我罪孽深重，而是因為缺乏具體性的上主之愛而令我望之生畏。幸好，縱然我存心抵制，那個愛始終留在我心內；故我這些妄念其實是在暗中求助，並不證明我有罪。各位可注意到，我們又回到〈練習手冊〉的核心主題了——觀察自己的起心動念。

(13:4) **讓祂來評估腦海中每一個念頭，祂會除去夢的成分，將它還原為潔淨之念，不再與上主的旨意對立。**

我們總得先把自己的念頭交給聖靈，祂才能為我們「評估」，這成了我們特有的寬恕任務。也就是說，我們必須先覺察內心冒出的「特殊性」之念，耶穌所給的另一種眼光才有對症下藥之效。只要撤回對小我的投資，小我欲振乏力之餘，只好黯然退下，最後心中只剩下正念，它就是救贖的倒影。上面這一段話讓我想起耶穌的叮嚀：不要向他隱瞞任何事情，若想牽住他的手，誠實乃是先決條件。唯有如此，他才能帶領我們進入「我們早已**擁有**而且本身**就是**」的天國：

> 你不妨仔細看看自己究竟在求什麼？你在這事上必須對自己非常誠實，我們之間不能有任何隱瞞。只要你真有此心，你就已經邁出了第一步，為至聖者的來臨備妥你的心靈。讓我們攜手耕耘，……你究竟打算將祂拒於天國門外多久？（T-4.III.8）

(14) **把你的念頭交還給祂吧！祂會把它們轉為奇蹟再回贈於你，欣然向你宣告上主願聖子享有的圓滿與幸福，以證明祂永**

恆不易的愛。每個念頭經此轉換，變得煥然一新，負起了天心的治癒之力，讓你看到念頭內真實的一面，不再被你妄自摻入的謊言所蒙蔽。所有的錯覺幻想就這樣消失了蹤影。剩下的真實部分便融入那完美的聖念，讓你處處看到完美之所在。

我們的責任只是承認：過去認定跟自己的幸福休戚相關的要素，原來只是一連串的「錯覺幻想」。不只意識到自己是被小我蒙騙而忘失了真相，還要意識到那是我自甘與小我認同之故，才會把小我思想體系的代言人——身體當成了自己。我們必須具備這一心態，「完美的聖念」才取代得了小我的妄念，「讓你處處看到完美之所在」，這完美始終存在於一體不分的聖子心中。我曾經引用過海倫的詩〈二次機會〉的第一節，下面是第二節的一段，描述耶穌之愛帶來的奇蹟。她藉著星星來象徵自己用仇恨之念換來的禮物：

我將「恨」緊緊抱住，
深鎖心中，
免得與祂的聖愛照面。
直到有一天，
我的眼睛與祂的目光相接，
手指一鬆，心靈乍啟，
當我向遠方望去，
一顆星星落在掌心，
另一顆滑入心中。

——《天恩詩集 / 暫譯》P.45

(15:1~2) **今天初醒之際，就這樣練習十五分鐘；臨睡之前，再歡喜地練習十五分鐘。念頭一經淨化，你的牧靈使命就開始了。**

等讀到第一百五十四課，我們便會更清楚這個「牧靈使命」不過是「親自接受救贖」，與外在工作性質無關。這是必然的結論，因為只有上主之子的心靈有待療癒，故我們的職責也只是為心靈服務，淨化心內的有罪之念。

(15:3~5) **你需先受教，才能教導上主之子這神聖的課程，看出他自己的崇高神聖。只要你聽得到上主的天音向聖子致敬，所有的人都會聽到它的。每一個人也會分享到祂在你心中重新詮釋過的念頭。**

這一段又帶出了「上主之子只有一位」的觀念，故說「當我痊癒時，我不是獨自痊癒的」（W-137）。當我決心選擇聖靈時，等於作了抵制分裂的決定。就在那神聖一刻，我**就是**上主那一位聖子。那個時候，我們怎麼可能聽不到聖靈的天音？怎麼可能聽不見「基督的聖潔非我們莫屬」？

(16) **這就是你的復活節。你藉此向世界獻上了雪白的百合，取代所有罪惡與死亡的見證。世界因著你的脫胎換骨而得救了，欣然由罪咎中解脫。如今我們歡欣地高舉復活的心靈，向恢復我們清明神智的祂致謝。**

百合花，乃是《奇蹟課程》賦予寬恕的一個美麗象徵。當我們不再與罪咎認同而接受自己的純潔無罪時，這個選擇其實是為每一個人作出的，因為上主之子只有一個心靈。只要獻出一朵百合花，便足以化解象徵分裂的十字架，心靈便得救而復活了，我們自然會憶起自己是那唯一聖子的真實身分。讓我們再讀兩段有關復活節的引言，和今天的主旨可謂相映成趣：

> 這〔由寬恕中生出的純潔無罪〕是通往天堂與復活的平安之途；在這條路上，我們欣然意識到，上主之子已由過去的夢魘甦醒，覺於當下此刻了。如今，他終於能夠自由地與始終存於他內的一切進行全面且無限的交流。如今，他純潔無罪的百合再也不受罪咎的污染，不受恐懼的寒流侵襲，也不會因罪的病害而凋零了。
>
> 透過你的慧見而得以從十字架解脫的弟兄，轉身成了你的人間救主；他才是你真正的朋友，此刻也只有他能自由地領你前往他要去的地方。……你和弟兄會快樂地攜手邁上純潔無罪之路；當你們望見天堂的大門敞開，認出那一直在喚你回去的家園時，必會情不自禁歡聲高唱。（T-20.II.10:1~3;11:1,3）

(17) **我們每小時都要憶起祂來，因祂本身即是救恩與解脫。就在我們感恩之際，世界會與我們結合為一，欣然領受我們因修正而淨化了的聖潔念頭。我們的牧靈使命就在這一刻開始了，向世界傳布這個喜訊：真理內沒有任何幻相，上主的平安會透**

過我們回歸每一個人的心中。

我們再次看到世界與我也合而為一了；就在我們的心靈接受了這個信息之際，整個世界同時也接收到了：

> 仰望你那神聖的救世主〔聖靈〕吧，你會看到祂在你弟兄身上顯示給你的一切，切莫讓罪死灰復燃而遮蔽了你的眼睛。因罪存心要你與弟兄分裂下去，你的救世主卻請你視弟兄如己。你的人際關係如今已成了療癒的聖所，所有勞苦困頓的人得以安息於你內。這個安息之所等待所有風塵僕僕的浪子歸來。所有的人都會因著與你的關係而愈來愈靠近這安息之地。（T-19.III.11）

只要選擇了寬恕慧見，決心放下自己的判斷，我們便會體驗到上述的境界。我們的心聲開始和一體聖子的天音共振，欣然憶起自己的真實身分，並且和所有弟兄齊聲感謝耶穌，若非他的指引，我們怎麼可能來到這一復活聖地。因此，每當我抵制一個判斷的衝動而接受真相時，我們必會欣然憶起他來的。

第一百五十二課

決定的能力操之於我

本課繼續討論「身體」和「世界」在小我生存策略中所扮演的角色，並明確指出身體與心靈的關聯性。究竟說來，我們在世上的所知所見全都出於心靈的決定。「決定的能力操之於我」這一念，可說是小我最深的隱憂了；因為我們若了知一切操之於心靈，便無異於把世界徹底地繳械了。既然唯獨我才能改變自己的感受和想法，那麼，我就再也……

> 不會相信外面有任何力量控制得了你的生活，讓你身不由己地生出與自己心願相違的念頭。（T-19.IV.四.7:4）

你平安快樂與否，全憑自己的決定，世界愛莫能助。本課再次表述了天堂的一體不二之實相。

(1:1~4) **沒有人會受失落之苦，除非他自己決定受苦。沒有人**

會受痛苦的煎熬，除非他自己選擇這種處境。沒有人會哀傷、恐懼或認為自己有病，除非這是他自願承受的後果。沒有人能夠不經自己的同意就死亡。

〈正文〉第十九章平安的第三道障礙「死亡的魅力」那一節所說的，跟上面那段話幾乎一致：

> 沒有人會死亡，除非他選擇死亡。外表看來，人人都怕死，其實死亡的恐懼正代表了死亡的魅力。罪咎也一樣，可怕無比，令人望之生畏。然而，它只控制得了受它吸引而自投羅網的人。死亡亦然。（T-19.IV. 三 .1:4~8）

這段引言雖然沒有直接提到**心靈**一詞，含意卻非常清晰；我們在世上所經歷到的一切，無一不是出自心靈的決定。不過，這個決定指的並非「我要生存還是死亡」或「我要這一段關係或另一段關係」這類具體的選擇，而是在無始之始，我們身為上主唯一聖子的那一刻所作的終極決定，這一決定至今仍在我們的現實生活中不斷重演，繼續拒絕聖靈的邀請，聽信小我傳授的那一套，把救贖視為一套美麗的謊言而已。我們在人間經歷到的一切失落和痛苦，無一不是源自原初的那一決定，然後幻想世界終有一天能彌補我們的失落。心靈一旦決心把小我的謊言視為真理，從此分裂的現實不僅變得天經地義，我們還能理直氣壯地要他人為此負責。小我雖把指責的矛頭指向身外之人，真正的用意其實是要讓我們受盡痛苦與死亡的折磨。

反之，接受救贖之人，意味著不再認同小我，決心和耶穌一起走出夢境。那時，我們必會恍然大悟，此生所有的經歷確實出自那瘋狂的一念，也就是相信自己是對的而上主是錯的瘋狂一念。如今，重新選擇的時機終於來臨了。

(1:5) 沒有一件發生的事不是出自你的願望，只要是你選擇要的，你一樣都不會缺。

我的「願望」，說到底，就是活成一個自主的個體生命，足以與天堂的一體境界分庭抗禮。既然我這一生只是自己所作的一個夢，表示夢裡發生的一切必然出於我的決定；而它之所以如此呈現，則是基於小我的生存本能但又不想為此負責的動機。

(1:6~8) 你的世界就是這樣形成的，分毫不差，因果不爽。這就成了你所謂的現實世界。你得救的樞紐即在於此。

我們的現實世界，其實就是「心」想事成的結果。說得再具體一點，它是抉擇者為了證明自己是對的而寧可放棄幸福的那個願望。一切問題全都源自這一妄心，世界也是這麼打造出來的，因為「觀念離不開它的源頭」。也因此，如果要徹底修正這一錯誤，必須進入心靈層次，耶穌就在那兒等候著我們。

(2:1~2) 你也許認為上述的說法過於極端，如此一概而論，不可能是真的。然而，真理豈有例外？

短短幾句話再次重申了《奇蹟課程》的形上理論，也就是「一體不二論」（後文還會進一步闡述）。只要我們對身體與世界的真實性還抱有一點幻想，對這部課程的理解必然失之毫釐差之千里。這一形上原則沒有任何妥協的餘地。我們很可能認為這種說法「過於極端」，耶穌卻反問我們：「真理豈有例外？」如果這一真理代表的是圓滿一體的上主之境，凡是在這一體之外的生命，不可能出於祂的創造，自然也不可能真正存在了。不論我們在世上把什麼當真，追到究竟，仍是那個想要證明自己是對的心靈，它為了存在，不惜打造出世界來為我的存在作證。

(2:3) **如果上天賜你「一切」這個大禮，你怎麼可能失落任何東西？**

上天賜你的「一切」，指的就是耶穌為我們保存下來的愛。我們若認為自己可能失落任何東西，等於聲明我們並非擁有一切。這一信念其實出於一個自甘匱乏與受害的祕密願望，暗中指望對方為自己所受的苦付出代價。這麼一來，天人分裂之境不只成了定局，自己也無需為此負責了。下面引用的一段〈正文〉，描述我們是如何利用攻擊（即投射），把空虛與失落的存在處境歸咎他人的心理過程：

> 唯有當你把別人的攻擊視為剝奪你的所愛時，你才會生出反擊之念。你是不可能失去任何東西的，除非你自己既不重視也不想要它。是這緣故使你覺得受到剝

> 削的，你卻把自己的拒絕投射於外，開始相信是你的弟兄奪走了那個寶貝。你若相信有弟兄攻擊你，而且奪走了你的天國，你怎麼可能不害怕？這正是小我所有投射的最終藉口。（T-7.VII.8）

(2:4~7) **痛苦豈能成為平安的一部分？哀傷豈能成為喜樂的一部分？恐懼及疾病豈能進入一個洋溢著愛及完美神聖的心中？真理若要成為真理，必然涵括一切。不要接受任何對立及例外，否則你等於是全面與真理作對。**

耶穌再次告訴我們，我們對這部課程要嘛全都相信，要嘛全部都不信；我們不能要求真理妥協，把世上某些東西弄假成真。世界唯一的價值最多只能充當學習的教室，給我們一個憶起真相的機會。為此，我們若還相信世間真有善惡苦樂之分，便已經不自覺地把二元幻相弄假成真了。我們若還相信人間可能存有真正的幸福，只是「我」活得很不快樂罷了，我們便已把世界當真而否定了天堂。我們不妨再讀一段〈正文〉的引言，它描述真理實相不容妥協的本質，重申了「只有真理是真的」之道理：

> 只有兩種可能：不是上主瘋了，就是這個世界瘋了。因為沒有一個上主聖念在世上顯得言之成理。世界視為天經地義的真理，在上主天心內也沒有半點意義。凡是既無道理又無意義之事，便與瘋狂無異。凡是瘋狂的，就不可能是真相。世界所珍惜的信念，只要有

> 一個是真的，上主的每個聖念都成了幻覺。反之，只要有一個聖念是真的，那麼世界賦予意義的所有信念必然徹底虛妄，完全無法自圓其說。你只能在兩者之間任選其一。別企圖將這個選擇改頭換面，扭曲為其他的選擇。這是你唯一能作的決定。（T-25.VII.3:2~11）

下文繼續發揮同一個觀念：

(3:1~4) 救恩不過是認清了只有真理是真的，此外沒有任何真的東西。你以前也聽過這種說法，但未必能同時接受前後兩句話。沒有前半句，後半句顯得毫無意義。然而，沒有後半句，前半句就無法成立。

言下之意，我們只想在地獄裡享受到一點點天堂的滋味就心滿意足了。我們常會這麼想：「是的，真理永遠真實，我也相信上主是愛，天堂極其美好；但是，世界也一樣的真實，我們所經歷到的一切也很真實，只要與我身體相關的事都很重要，我內在的感受也真實不虛，請不要奪走我的寶貝！」這是小我最常見的說詞。然而耶穌卻提醒我們：如果「只有真理是真的」，那麼下半句「此外沒有任何真的東西」必然成立，與真理相反之物根本沒有存在的餘地。總而言之，當我接受了「只有真理是真的」之說，等於承認一體真相之外的一切全屬幻覺。耶穌在此明白地告訴我們：「你不可能在天堂享有一點地獄，或在地獄享有一點天堂的。」

> 你不可能只放棄天堂的一部分。你也不可能只墮入地獄一點點。上主聖言〔救贖〕的作用也是全面的，沒有例外。正是這一特質造就了它的神聖性，且超越三界之上。（M-13.7:3~6）

> ……「天堂設有一個地獄特區」的說法同等的荒謬。（M-22.1:4）

(3:5~8) **真理不可能有對立。這句話再怎麼常說或常想都不嫌多。如果非真之物變得像真實之物那樣真的話，表示真理中必有一部分錯了。那麼，真理便失去了它的意義。**

若想讓這段話對我們發生任何作用，不妨反思一下我們的應世心態。如果說世上有一物是真實的，「表示真理中必有一部分錯了」。真理既然只有一個，又無所不包，那麼在這一體真相之外，不可能存在其他的東西。換言之，我們不能把知見世界（也就是形式世界），視為一種與真知之境對立的存在，它即便是在最殊勝的狀況，至多也只能算是真知或真相的一個**倒影**，本質仍是虛幻的，因為「無所不容之境是沒有對立的」（T-in.1:8）。

> 你一旦明白沒有片面的真知這一回事，就不難看出知見與真知的根本差異。真知的每個層面都代表它的全部，裡面沒有獨立或分裂的層面。……知見不論多麼高明，都不可能包含一切。即使是聖靈的知見，可說

> 是最完美的知見了，一到天堂便失去意義。知見在聖靈的指點下無遠弗居，萬物在基督慧眼下晶瑩剔透。然而，知見不論多麼神聖，終究無法永存。（T-13.VIII.2:1~2,5~8）

(3:9) **只有真理才是真的，錯誤就是錯的。**

這個觀點不斷出現於〈正文〉、〈練習手冊〉以及〈教師指南〉中，可見它有多麼重要。然而，耶穌也知道我們不可能懷著這種認知行走於人間，故他傳授寬恕法門，教我們在世上活出真理的「倒影」。他並不要求我們否認自己的感受，卻要我們否認內心對它們的詮釋就夠了。世間萬物只具有象徵的意義，我們到底要用萬物來象徵以「特殊性」為核心的小我思想體系，還是願意把世間的經歷當成聖靈的「修正」教室，完全在於我們的選擇，簡言之，就是我們究竟想要幻相還是真相。這就是救贖的真諦：

> 幻相並不可怕，因為它們不是真的，這一單純事實成了你得救的基礎。當你看不出幻相的底細時，它才顯得可怕無比；只要你心裡還有一絲想把幻相弄假成真的企圖，你便再也難以認出它的廬山真面目了。同樣的，你否定真相到什麼地步，你在真相與幻相之間、上主與幻境之間作此單純選擇的難度就有多大。只要牢牢記住這點，你就不難看出，再沒有比這一決定更單純的事了。（T-16.V.14）

耶穌再度為我們澄清問題不在於它表面的樣子，而在於我們**存心**把小我弄假成真，才會把問題看得那麼嚴重。

(4:1~2) **然而，沒有比這更簡單卻又令人混淆的區分了。不是因為這種區分多麼難以辨認。**

耶穌再次強調，真的就是真的，假的就是假的，這實在一點也不難懂。他在〈正文〉最後一章的開頭也曾如此反問我們：「有什麼會比學習真理的單純真相更簡單的事？」縱然我們仍會不時抗議，自己學不會這麼簡單又明顯的事理，他絲毫不為所動：

> 救恩本身極其單純。一言以蔽之，就是：「凡不真實之物，此刻不是真的，也永遠不會變成真的；不可能的事，不曾發生過，也不會帶來任何後果。」如此而已。對於樂見這一真相的人，這種課題何難之有？唯有無心學習的人，才會對這麼簡單的功課感到棘手。凡是假的就不可能是真的，凡是真的就不可能是假的，這個道理很難理解嗎？你再也不能推說自己分辨不出真偽了。本課程一直在教你分辨兩者的不同，以及當你迷惑時該怎麼做。這麼簡單的功課，為什麼你執意不學？（T-31.I.1）

請留意，耶穌又把我們帶回「學習動機」這一主題了——這麼簡單的功課之所以變得這麼複雜難懂，追究其因，乃是我們仍不甘心放棄虛假的自我。

(4:3) 而是因為它隱藏在一大堆的選擇之後，而那些選擇又好像不是你能掌控的。

那個選擇就是我相信世界存在於心靈之外，我是它的受害者，自然不可能對它的現狀負責；世界明明是一堆外在事件累積的結果，與我心靈的選擇有何瓜葛？耶穌再度告訴我們，究竟說來，我們只有一個選擇：究竟是要一體聖子及基督聖愛的真相？還是追求個別利益的虛幻小我？

> 「你已毀滅了愛的真諦」這一錯覺窩藏了整個分裂幻相的核心〔指的就是特殊關係〕。除非愛對你已逐漸恢復意義，否則你無法知道這一意義即是自己的真相。分裂不過影射出你仍不想知道自己真相的這個決定而已。這一整套思想體系，都是經過精心策畫的學習過程，企圖引人遠離真相而陷於幻覺。幸好，上主針對每個有害的學習經驗都賜給你一個修正的機會，讓你不受任何遺害之苦。
>
> 你決定聆聽並跟隨這個課程與否，其實就代表了你在真相和幻相之間所作的選擇。因真相就在當下此地，與幻相涇渭分明，毫不混淆。只要你認出這個選擇的真正含意，沒有比這更容易的決定了。只有活在錯覺幻想中的人才會進退失據，舉棋不定，幸而那些幻覺沒有一個是真的。（T-16.V.15~16）

正是錯綜複雜的「特殊性」之夢，掩藏了人間問題的單純性，同時也掩蓋了一樣單純的解決方案：只需使出心靈的選擇能力，一切便會為之改觀。

> 在這世界上，只剩下一種自由，就是抉擇的自由，而且始終介乎兩種選擇或兩種聲音之間。（C-1.7:1）

(4:4) **於是，真理中的某些部分顯得很不一致，而那種矛盾也不像是你所導致的。**

比方說，我們竟會認為，純屬於天堂的上主以及圓滿的愛，可能進入一個沒有真愛的世界，這就是真理內「不一致」又「矛盾」的例子。絕大多數的宗教都在走這條無法自圓其說的鋼索，企圖把這個充滿痛苦、仇恨和死亡的世界，和自稱是愛的那位造物主拉上關係。這種「真理」不可能不自相矛盾的。耶穌接著針對受盡痛苦折磨的人生作了一番議論，在進入那幅悲慘的人生畫面之前，不妨先讀一下耶穌的質問：「人們怎麼可能相信慈愛的上主會創造出一個充滿攻擊和死亡的世界？」

> 如果這是真實的世界，上主確實不仁。因為沒有一個有愛心的父親可能要求孩子為救恩付出這種代價的。**愛豈會用死亡拯救人**？否則，攻擊不就成了救恩？只有小我才可能想出這種點子，上主絕不可能有此想法。（T-13.in.3:1~4）

我們未必意識到，這個不一致性以及矛盾性竟然是我們自己的傑作。同樣的，《聖經》裡的種種故事並非來自上主的聖言，而是充滿矛盾衝突的妄心所編造的故事，最後發展出一套難以自圓其說的宗教理論。耶穌勸我們不要把這種矛盾說詞歸咎於上主或真理，那其實是我們癡心妄想能在地獄裡嘗到一些天堂滋味而編出的故事。耶穌在下面這段引言為我們指出基督教的十字架神學不可理喻之處：

> 完成救贖之功的，不是十字架上的死亡，而是復活。許多虔誠的基督徒常誤解了這一點。……十字架的事件在顛倒妄見之下，顯得好像上主真的允許此事發生，還不惜利用其中一位聖子的善良，慫恿他接受十字架的苦難。這種詮釋必然出自投射，許多人因此對上主產生了極大的恐懼，這是何等的不幸！這種與宗教精神背道而馳的觀念，已滲入了許多宗教。真實的基督徒不妨捫心自問一下：「這怎麼可能呢？」……連上主都會為了救恩而親自迫害自己的聖子，這種可怕的妄見為宗教迫害提供了冠冕堂皇的「理由」。這種想法實在荒謬。……你真的相信我們的天父會作此想嗎？你必須徹底根除這類想法，絕對不能在心裡留下一點殘渣。我並不是因為「你壞」而「受罰」的。救贖的道理只要受到一點諸如此類的扭曲與污染，便會失去它正面的或良性的作用。（T-3.I.1:2~3, 5~8;2:4~5,8~11）

這一段論說強而有力地證明了為什麼上主不可能插足於世界。我在前文曾經提過，奇蹟學員常常試圖扭曲耶穌的原意，聲稱耶穌真正的意思是：「上主**確實**創造了世界，但不是我們眼前這個充滿痛苦折磨的世界。」上述的引言直接推翻了這種說法。耶穌的本意是：「我們有目共睹的這個世界，不是上主創造的，因為上主不可能創造出這種主客對立的二元世界。」讓我們繼續讀下去：

(5) 你既是上主所創造的，必然永遠不變才對；由此類推，無常之境必然是一種錯誤或是虛妄。我們指的是所有感覺情緒、身心狀態及一切覺知反應上的變化無常。就是真理涵攝一切的本質，使真理與虛妄兩者變得涇渭分明且勢不兩立。

沒有比這更一針見血的說法了！只需看清世間萬物的無常變化，便不難了解，為何上主不可能參與其事。天堂永恆不易，世界與這一實相截然相反，不只是我們的身體無常，生老病死構成了我們的一生，死後還得面對數不清的來世；除此以外，我們的心理狀態更是變幻莫測，情緒、想法、感覺隨時都在跌宕起伏。要知道，這一切虛幻的表面全是小我的精心設計，試圖掩蓋我們永恆不易的生命真相：

> 表相雖有騙人的能耐，卻是可以改變的。唯有真相永恆不易。它從不騙人，你若無法看穿表相，表示你已受騙了。因為你所看到的盡是無常；你一度將它當真，如今又重新把它當真。真相就這樣再度被你貶為

> 某種形式，淪為無常之物。但真相是永恆不易的。只憑這一點，它便足以為真，與表相不可同日而語。真相必須超越所有形式才能成為真相，因它永遠不變。（T-30.VIII.1）

(6:1) 你認為相信眼前的世界是你造出來的，是一種傲慢，這不是很奇怪嗎？

人們會故作謙虛地說：「我怎麼可能打造得出這麼神奇複雜的世界！」不妨想想我們每天晚上夢到的奇幻世界，有苦有樂，有簡單，有複雜，但不論什麼夢，全都同等地虛幻。這和小我打造出的物質宇宙，在本質上並沒有兩樣：

> 夢，證明了你有能力打造自己想要的世界；而且，你想要什麼，就能看到什麼。當你看到它時，絲毫不懷疑它的真實性。這個分明出自你內心的世界，如今好似赫然屹立於外。……當你「好似」醒過來，夢裡的種種頓時消失得無影無蹤。但你未必意識到，自己當初作出此夢的原因並沒有隨著夢境一併消失。你想要打造一個虛幻世界的願望仍不時在心中作祟。你好似醒過來的那個世界，其實只是你夢中世界的另一翻版而已。你一生的光陰都耗在夢中。睡時的夢也好，醒時的夢也罷，不同的只是形式而已，內涵則毫無差別。它們代表的都是你對真相的抗議，也就是你自以為能改變真相的那個牢不可拔的瘋狂念頭。（T-18.

II.5:1~3,8~15）

因此，相信自己能夠打造出一個與天堂相反的世界，與上主分庭抗禮，才是道地的傲慢。那麼，怎樣才算是謙虛呢？就是欣然意識到，我再瘋也瘋不出這種本領的。

(6:2~3) **世界絕不是上主創造出來的。這一點我敢跟你保證。**

再重申一次，不只是上主不可能創造我們眼前的世界或是我們認定的世界，這些有形有相的知見世界，也不可能出自上主，因祂不可能打造變化無常的世界。我再引用一次〈詞彙解析〉的說法：

> 你眼前的世界只是一個幻相而已。上主從未創造過這樣的世界，因為祂的創造必是永恆的，如祂自身一般。然而，你眼前的世界沒有一物是永世長存的。也許有些會比其他東西持久一些。然而，時辰一到，一切有形之物都有個結束。（C-4.1）

(6:4~7) **祂怎麼可能知道這無常、有罪、害怕、痛苦、孤獨的世界，還有那活在終歸一死的軀殼內的心靈？你控訴祂神智不清，竟然造出這樣虛實難辨的世界。然而，祂並沒有發瘋。說實話，只有瘋子才會造出這樣的世界。**

「無常、有罪、害怕、痛苦、孤獨的世界」，指的就是小我的分裂世界，一個由罪咎心態打造出來的有罪世界：

> 上主之子讓罪咎進入了自己心中，這是天人分裂之始；那麼，當他接受救贖之際，自然成了分裂的終結。你眼前的一切乃是被罪咎逼瘋的心靈妄想出來的世界。只要仔細端詳一下世界，你便明白此言不虛。因為世界確是懲罰的具體象徵，它的運作法則好似全受死亡控制。孩子們在痛苦中誕生，歷盡滄桑地活下去。痛苦伴隨著他們成長，他們所學的盡是悲傷、分離與死亡。他們的心靈好似囚禁在頭腦裡，身體一受到傷害，腦力就隨之減退。他們很想愛人，然而，一生不是遺棄別人就是被人遺棄。他們好似隨時都會痛失所愛，沒有比這更瘋狂的信念了。他們的身體日漸衰頹，一口氣接不上來，便是黃土一坏，重歸虛無。任誰都會感到造物主何其不仁。（T-13.in.2）

我們都還記得耶穌所下的結論：「如果這是真實的世界，上主**確實**不仁。」（T-13.in.3:1）耶穌在這一課換了一個詞：「如果這是真實的世界，上主**必定**瘋了。」耶穌曾經在〈正文〉「救恩的磐石」那一節中提到：小我的罪罰世界就是根據小我的瘋狂信念「一個人的利益必然建立在另一人的損失上」而打造的，但上主不會跟著小我一起發瘋的：

> 認定某人可能失落或受損的這套信念，徹底反映出你接受了「上主必已瘋狂」的教義。在世界的眼中，一個人的利益必然建立在另一人的損失上。如果這是真

> 的，那麼上主必定瘋狂無疑！其實，這一信念真正要表達的乃是另一條更基本的教義：「罪真的存在，而且是世界的主宰。」因每個小小的利益都影射了另一人的損失，他必須流血流汗付出對等的代價。否則，邪惡便獲勝了，同歸於盡成了任何利益必須付出的總代價。相信上主如此瘋狂的你，不妨再深思其中的奧妙，你便會明白，在上主與這信念之間必有一個瘋了，不可能兩個全都瘋狂。（T-25.VII.11）

這一段話又把我們帶回「**非此即彼，不可兩全**」的基本原則：我們究竟要生命或死亡？愛還是罪？不是上主瘋了就是我們瘋了！

若真想得到《奇蹟課程》的真傳，切莫把上主、聖靈或任何靈性的存在拉進世界或身體的層次。我們早已說過，小我就是為了隱藏那超越世界的靈性而精心設計出身體的；故人間唯一有「靈性」的事，就是把世界當成教室，向永存人心的那位神聖導師學習，徹底看透世界的虛幻本質。這才是世界存在的唯一目的，因為物質世界沒有一物具備「靈性」的本質。

(7:1) **你認為上主會違反自己的旨意，造出這個無明亂世，又發明一堆與真理相悖之物，以死亡之苦來戰勝生命，這類想法才是真的傲慢。**

耶穌在此溫柔地為我們指出真理之路，鼓舞我們朝此方向前行。請記得，這麼殘酷無情的無明亂世，與上主一點關係也沒有，更沒有什麼奧秘的上主旨意隱含其中。它只是我們當初為了證明自己是對的而上主是錯的，不惜選擇了小我所造成的後果。耶穌在「無明亂世的法則」這一節中曾說，我們甚至把自己的想法套在上主頭上。讓我們再讀一次這段精闢又令人不安的描述：

> 這一條無明法則所隱含的傲慢心態在此更是昭然若揭。這種心態企圖界定創造真相的造物主，諸如：祂應作何想，祂必信何事，祂又會如何答覆等等；並且對此深信不疑。聖子甚至不必向上主查證自己加在上主頭上的信念究竟是真是假。他只會「提醒」上主祂該如何又如何；上主別無選擇，若不接納聖子的看法，祂就必錯無疑。這一信念直接牽引出第三個顛倒的信念，使無明亂世變得萬劫不復。如果上主不可能犯錯，祂不能不同意聖子心目中的自我形象，同時又恨聖子那副德性。（T-23.II.6）

我們自己把罪弄假成真以後，繼而打造出一位神明，祂不只相信我們犯了罪，還對我們展開報復，進行懲罰，逼得我們不能不造出一個能與這種上主抗衡的世界，再耍一點花招把上主請入世界，要祂修復世間的種種問題。更怪異的是，我們竟然聲稱這個世界是上主無限智慧的創造，充滿了奧秘，非人類智慧所能理解。耶穌在此明言了，要我們別把上主扯進這麼瘋狂的世界，如此只會反映出小我的傲慢，存心證明自己是對的，神智可清明得很；上主才是錯的，而且徹底瘋狂。此刻，耶穌勸勉我們放下傲慢心態，該學習謙卑一點了：

(7:2~5) **謙遜的人一眼便能看出這一切絕不可能出於祂。你怎麼可能看見上主從未創造之物？認為自己看得見，等於相信自己能看見非上主所願之物。還有什麼比這更傲慢的事？**

我們深信自己**能夠**看到上主不曾創造之物。這正是我們的問題所在，不只是習慣著眼於痛苦和疾病，還對自己的**所見所想和所感**確信不疑。其實，我們的知見、想法和種種感受，全都屬於同一個大幻覺。耶穌刻意把傲慢和卑微放在一起，又把謙虛和偉大劃上等號，就是防止我們一不經心就被世界幻相騙走了，以至於忘失了我們本有的榮耀及偉大：

> 不要甘於卑微。但你必須先明白卑微的含意，以及為何它永遠滿足不了你的道理。卑微是你給自己的禮物。當你給出卑微，且以此取代偉大時，表示你已經接受了卑微。世上的一切之所以微不足道，是因為整個世界都是由卑微之物構成的，而你也一直設法說服自己接受卑微。你若相信自己在世奮力追求的種種俗物能讓你活得心安，那實在是自貶身價，無視於自身的榮耀。你究竟願為卑微或為榮耀而徹醒奮鬥，完全操之於你。只要你選擇其中之一，必會喪失另一的。
> （T-15.III.1）

(8:1) 今天，讓我們真正謙虛一下，接受我們所造之物的全面真相。

我們需要意識到當初打造世界的動機，乃是企圖把上主排除於自己的生活之外。讓我們重溫一下耶穌在〈練習手冊〉下篇所說的一段話：

> ……世界成了上主無法插足之地，聖子在此是可能與上主分庭抗禮的。（W-PII. 三 .2:4）

耶穌要我們重新正視世界存在的目的，也就是小我的第二道防線，世界只是罪咎懼思想體系投射出來的一道陰影而已，最終的目的仍是為了防止我們憶起生命真相。真正謙虛的人只會這麼說：「我打造出這一切原想證明自己是對的；謝天謝地，我錯了，徹底誤解了世界以及充滿痛苦和死亡的思想體系。」也難怪耶穌如此反問我們：

> 你是否認為上主的旨意毫無能力可言？這是謙虛嗎？你仍看不出這個信念所造成的遺害。你認定自己是脆弱、易受傷，甚至不堪一擊的，只能在無數比你強勢的侵略者手下苟延殘喘。（T-22.VI.10:3~6）

這不是謙虛，而是瘋狂，上主之子怎麼可能軟弱無能！天上地下所有的能力都賦予了我們，那就是心靈的抉擇能力，如今，耶穌再度將這一能力交還到我們手中：

> 我的心與你的心永遠一樣，因為我們是平等的上主造化。當初，是我所作的決定賜給了我天上人間一切的權能。我唯一能給你的禮物，就是幫你作出同樣的決定。這個「決心與人分享」的選擇，本身就是一個「分享的決定」。這決定必須靠具體給出才能完成，因此它與真正的創造有不少雷同之處。我是你作決定的典範。我選擇了上主，這個決定為你證明這是可以辦到的，你也能夠作出同樣的選擇。（T-5.II.9）

為此，他再度提醒我們：

(8:2) **決定的能力操之於我們。**

世界是**我**的傑作，**我**是正在作夢的夢者，因此**我**有能力改變自己的夢境以及夢中人；最終，能夠從夢中覺醒而悟入實相的，也靠這一決定，這正是奇蹟的最大功能。總歸一句，一切取決於我究竟想要夢見什麼？是平安還是衝突？幸福還是痛苦？寬恕還是罪咎？

> 其實什麼也不曾發生，你只是陷入昏睡，夢見自己變成了一個你不認識的異類，而且成了另一個人的夢中一景。奇蹟並不喚醒你，它只會幫你看清作夢的究竟是「誰」。它告訴你，你在睡眠中仍能選擇不同的夢境，全憑你賦予此夢何種目的而定。你究竟想要夢見療癒，還是夢見死亡？夢就像記憶一樣，它會照你想要看到的景象如實呈現於你面前。（T-28.II.4）

(8:3~5) **只要你決心接受自己是宇宙的「創造同工」這一正確位置，那麼你以為是自己營造出來的那一切，就會消失於無形了。於是，你開始覺醒於那原本如是而且永恆如是的那一切。取代那企圖篡奪天父及聖子之祭壇的自欺之舉。**

請注意，耶穌在此指的並不是物質宇宙。他有時確實用universe指稱天文物理的宇宙，有時又例外，就像這兒的「宇宙」，純粹是指**靈性**的宇宙。因此，他要說的是：「下定決心，放下小我而選擇我和救贖原則吧！你才可能憶起上主為你創造的基督身分；天堂原是身為基督的你和上主共同創造出來的。」

> 上主的推恩是永無止境且超越時間的；你既然身為祂的創造同工，也應永無止境地將祂的天國推恩出去。永恆是創造永不磨滅的印記。永恆也永遠與平安喜樂同在。（T-7.I.5:4~6）

一旦選擇了上主和自性，先前妄造的分裂思想體系和它投射出來的鏡相世界，便一併消失了，那麼，平安與創造的喜樂必然非我們莫屬。只要我們願意選擇聖靈，修正小我，上主的記憶便會在心中露出曙光，轉眼之間，世界消融於「那原本如是而且永恆如是」之境。神聖的倒影變成了神聖的本身，照耀在上主與基督共享的一心之境，《奇蹟課程》稱之為「祭壇」。

> 神聖本質在那兒已不再只是倒影，而是倒影的真身。上主也不再是一種形相，祂創造的生命既是自己的一

部分，他們在真相裡必然永遠擁有上主。而且不只反映真理，他們本身即是真理。（T-14.IX.8:5~7）

接下來，我們要進入操練階段：

(9:1~3) **今天，我們練習一下真正的謙虛，摒棄小我想要證明謙虛是傲慢的虛假偽裝。唯有小我才可能如此傲慢。當真理認清了自己的大能，千古不易，永恆圓滿，無所不容，它是天父給祂的愛子的完美禮物時，這才是真的謙遜。**

言下之意即是要我們謙虛地向耶穌說：「你是對的，我想錯了；為此，我永遠感恩；此生沒有比看清自己的錯誤更令我高興的事了！」

(9:4) **我們該放下那聲稱自己是個罪人，活得內疚又恐懼，並以自己的真相為恥的傲慢心態；而應懷著真正的謙遜向祂開啟我們的心，因為是祂將我們創造得純潔無罪，且如祂自身一般充滿能力與愛心。**

正如〈正文〉所言：「你應在上主前謙虛，而在祂內感到偉大。」（T-15.IV.3:1）所謂謙虛，不過就是承認上主是我的造物主，我是祂的造化，我們便會在那一刻體驗到自己與造物主一樣偉大、一樣全能，所有的祈求便在這一刻得到了答覆：

按照上主所願的方式發揮祂賜你的能力，必然合乎你的天性。活出祂所創造的你，並且用祂賜你的禮物回應聖子所有的過錯，還他原有的清白與自由，這並不是傲慢。反之，廢棄上主賜你的能力，窮發一些無聊的願望，而不奉行上主的旨意，這才是傲慢。上主已賜給你無限的能力，人間沒有它無法應付的處境，也沒有它的光明恩典解決不了的問題。（T-26.VII.18）

唯有既卑微又傲慢的小我之音才會否認上述的事實。

(10:1~3) **決定的能力操之於我們。我們從祂那兒接受了自己的本來面目，謙遜地認清自己原是上主之子。認出上主之子的身分，意味著我們已經放下了其他的自我觀念，且認出它們的虛妄。**

你不妨在「放下了其他的自我觀念，且認出它們的虛妄」這一句的「其他」兩字下面劃線，表示耶穌的思想體系是全方位而且沒有例外的。可還記得我們屢次引用的這一段話：

要學習本課程，你必須自願反問內心所珍惜的每一個價值觀。任何掩飾或隱瞞都可能阻撓你的學習。（T-24.in.2:1~2）

我們必須質疑**每一個**價值觀，尤其是自己在世上最珍惜的特殊性，最後才有能力反身質問人類的最高價值——我的存在感。一點也沒錯，所有的自我概念最後都是為了保住我的個體價值。為此，耶穌才會語重心長地說：

自我概念一向是世人最關切的事。每個人都認為自己必須揭開這一「自我之謎底」才不虛此生。為此，救恩可說是超越這類自我概念的解脫境界。救恩關切的不是心靈的內涵，而是心靈自認為它能思想的那種心理。（T-31.V.14:1~4）

你若學會如此自白，救恩就來臨了。你的真相便會向你啟示它自己。（T-31.V.17:8~9）

(10:4) **你也看清了它的傲慢自大。**

所謂的「傲慢自大」，指的就是我們自以為知道我看不順眼對方的原因，知道什麼能帶來幸福，什麼會導致我的不幸，什麼才算神聖的，什麼不聖潔，甚至認為自己知道如何回到天父那兒去！只有小我會這麼傲慢。我們如今該謙虛地透過真理的慧眼正視一下自己的傲慢心態：

(10:5) **讓我們懷著謙遜之心，喜悅地接受聖子光輝，他的溫柔親切、他的全然無罪、天父的愛，以及他重歸天堂、揮別地獄的天賦權利，且納為己有。**

唯有如此，我們才可能擱下小我奉上的地獄，轉身接受天堂的大禮。

(11:1) **此刻，讓我們一起歡欣地承認那些謊言的虛妄，只有真理才是真的。**

也就是說，我們不再抵制今天這句真理之言了，因為我們決心不再把天堂拉入人間，把真理和幻覺混為一談了。

(11:2~4) **早上一起身，我們就一心念著真理，並花五分鐘的時間熟悉一下它的內涵，且用下面的話鼓舞你驚惶不安的心靈：**

> **決定的能力操之於我。今天，我要接受天父旨意所創造出來的我。**

「早上一起身，我們就一心念著真理」，從實修的角度來講，我們只可能一心念著真理的倒影，因為真理本身意味著我根本不在這兒。活出真理的倒影，即意味著：我一早醒來，高高興興地準備接受今天的功課，因我內在的神聖導師必會指點迷津，只要我對祂全然誠實，祂必會在我交託的事件上幫我了解背後的深意。說得更具體一點，就是向祂坦承我今天有多少次想要證明自己是對的、上主是錯的，藉此鞏固我的存在感，暗地裡讓他人為我背黑鍋。只要夠誠實，聖靈必會進一步讓我明白自己的防衛措施不過是在抵制內心隱藏的罪咎懼而已；那一套思想體系全屬虛構，最終目的其實是為了防止我憶起「我是愛」的永恆真相。故不論我今天會遇到什麼挑戰，我都能欣然迎對，知道這正是自己需要學習的功課。我在人間未必能夠每一念都憶起一體形上真理，然而，只要活出聖靈反映給我的真理倒影（就是放下個別利益，著眼於共同福祉），便已不虛此生了。那些功課是天父對夢中之我的旨意，唯有透過它們，我才可能憶起天父對天堂之我的旨意。

(11:5) **然後留在靜默中等候，放下所有的自欺……**

我們再次看到耶穌要我們把心靜下來，等候祂的來臨，因為只要我內心還有一絲想要取代祂而自力更生的**念頭**，上主的天音或耶穌的愛，就變得毫無意義。為此，耶穌要我們誠實面對我們那個自欺欺人的生命以及那套思維，才可能感受到上主的愛。真理一旦現身，它的光明自會照穿小我的謊言。

(11:5~6) **……謙遜地要求我們的自性將祂自己啟示給我們。從未離開我們一步的祂，必會再度降臨於我們的覺知之中，滿懷感激地重歸天父願祂所在的家園。**

這兒的「祂」指的其實是基督自性。我們能夠放下多少幻覺，祂便會顯得多麼真實；而這完全取決於我們放下幻覺和渴望真理的願心有多強。

(12) **在這一天，耐心地等候祂，每一小時複誦一遍早晨所說的那一句話，迎請自性的來臨；再以同樣的方式作為一天的結束。上主的天音必會答覆你的祈求的，因祂是你及天父的代言人。祂會以上主的平安取代你所有的浮躁念頭，以上主的真理取代你的自欺，以上主之子取代你心目中的自我幻相。**

言下之意，我們若想擁有「上主的平安」和「上主的真理」，若想憶起自己的聖子身分，唯一的途徑就是把我們對自己和對他人的幻覺以及自欺的妄想，全都交到心內的導師那兒，如此才顯示了我們接受「上主真理」的誠意，也就是在每個人身上看到天堂一體生命的倒影。如此，我們才敢說自己終於明白了奇蹟的真傳：

> 造化的奇蹟即在於此：**它永遠都是「一」**。你帶給上主之子的每個奇蹟，不過傳達出那整體生命某一層面的正知正見罷了。每一層面都足以代表那一整體，除非你能看出各個層面的同一性，否則你無法得知這一真相；你只能在同一光明下才可能看出它們的一體性。只要眼光不受過去蒙蔽，你所看到的每一個人都會將你向時間的盡頭拉近一步；因你已把受療癒者帶進了黑暗的世界，讓整個世界親眼目睹療癒之景象。光明若不進來，基督便難以在黑暗中發揮慧見。請幫基督把光明帶給所有自認為活在黑暗中的人，讓他們相聚於基督寧靜的眼神下，且因之重歸一體。（T-13.VIII.5）

由此可知，只要我們願意把陰暗的錯覺妄想帶到心內的真理之光中，我們必會找到真正的幸福。因為我們恢復了選擇的能力，決心在今天遇到的每一個人身上，認出他是上主的唯一聖子，而且，絕無例外！

第一百五十三課

不設防就是我的保障

首先，如果要理解本課的深意，就必須時時刻刻把小我的整套策略放在眼前才行。為此，讓我們再回顧一下小我的雙重防衛機制之最終的目的——確保聖子永遠無法改變他的初衷，也就是當初他拒絕聖靈的那個錯誤決定。小我包藏禍心的目的，就是令聖子徹底失心，故使出計謀，編織一套荒謬得不可思議的罪與罰的故事。它要聖子相信自己犯下了逆天之罪，必受天譴；聖子若想擺脫這可怕的宿命，唯有打造出世界和身體，給自己一堆永遠解決不完的問題，令聖子終日忙得天昏地暗，無暇面對心內更可怕的「現實」，即罪孽深重之感和上主的懲罰。簡言之，小我先在人心中妄造了一個憤怒的上主，然後打造出一個世界，防禦一個根本不存在的危機，還給出一套明知無效的解決方案。

接著，小我又進一步慫恿聖子把他心目中的逆天之罪（也就是埋藏在潛意識的攻擊上主之念）投射出去，此後，罪的蹤影只會出現於心外而與他自己無關了。如此，他便能理直氣壯地抵禦外侮，絲毫意識不到自己在別人身上看到的攻擊言行其實是來自他內在的攻擊之念所投射出來的倒影。耶穌在〈正文〉中曾談過夢境的兩個層次：罪與罰的祕密夢境（此即小我的第一道防線），第二道防線即是世界。在世界之夢裡，我們的罪全都神奇地轉移到別人身上去了，從此不論我們對外發動什麼防禦攻勢，都顯得天經地義（T-27.VII.11:6~12:2）。本課的主旨再次提醒我們，整套攻擊和防衛的思想體系全是小我捏造的理由，我們現在就來讀讀耶穌是怎麼鋪陳這一觀念的：

(1) 你若覺得這個無常世界充滿了威脅，它只是一連串的機運，一場辛酸的鬧劇，倏忽變化的人際關係，以及註定會被索回的「禮物」，你就需要好好學習今天的課程。世界不會提供你任何保障的。它既由攻擊起家，所有狀似安全可靠的「禮物」也只是虛幻的騙局。它隨時攻擊，而且不斷攻擊。在這朝不保夕之地，人心是不可能平安的。

　　在此，耶穌換了一個角度來描述世界的本質。世界源自攻擊之念，萬物皆是這一念投下的陰影而已，這種世界豈有寧日？〈練習手冊〉下篇有一句聽了令人不寒而慄的話：「世界是為了攻擊上主而形成的。」（W-PII. 三 .2:1）因為世界不過是聖子在形上層次發出的攻擊之念所投出的倒影而已。那個形上一念的內涵是：我若想活成一個個體生命，就得剷除（一體的）上主。故當我相信自己存在時，表示我把上主毀了，使得攻擊之罪變成了無可否認的現實。這是多麼恐怖的念頭！我們無計可施，只能設法將這記憶由心中抹除，或者投射出去。從此，我所看到的只可能是一個草木皆兵的世界。各位可能還記得〈正文〉這一段話，它一針見血地道出被罪咎逼瘋的心靈所看到的世界：

> 你所學的若是「上主之子有罪」的課題，結局就是你眼前的世界，一個充滿恐怖與絕望的世界，毫無幸福的希望可言。你所設計的安全大計，沒有一個保證有效。你渴望的幸福，也無法在此找著。（T-31.I.7:4~8）

這種世界就是小我贈送給「特殊之我」的禮物。每當我們感受到外界的威脅卻忘了它的真正源頭，那時，理所當然會奮起保護自己。本課的主旨，正是要揭發防衛心態背後的內幕。〈正文〉末尾在談論「無辜的面容」時，也提過類似的觀點（T-31.V.4~5），大意是說：我理所當然應該生氣，自我防衛也成了天經地義之事，否則，我怎麼在這充滿敵意的世界生存下去！這些威脅在我眼中如此真實，我從不質疑那些敵意源自何處，因我的身體告訴我，它們全是外界加諸於我的，而我也就這樣相信了。我們都知道，身體存在的目的就是為了證明他人有罪，我的憤怒進一步證明「罪不在我」。既然有罪的是**你**，老天懲罰的必然是你而不是我，我便由罪罰的詛咒中脫身了。

在這一課中，我們會不斷引用〈心理治療〉的內容，耶穌藉之再三重申，將憤怒的衝動轉為寬恕的習性是何等的重要：

> 它〔心理治療〕的任務，究竟說來，不外乎幫助病患化解基本的錯誤，就是相信「發怒能幫他達到目的」以及「為了保護自己，他可以理直氣壯地攻擊別人」。他對這些信念的錯誤程度體會得多深，他真正得救的程度就有多深。（P-2.in.1:5~6）

我們很快就會讀到，治療師的首要職責，即是親自為病患示範出自己心內的這種轉變。

(2:1~2) **世界只會引發人的防衛。因為威脅激起憤怒，而憤怒使攻擊顯得理所當然；既然情非得已，自我防衛之舉遂成了師出有名。**

這一段話再度將我們帶回「無辜的面容」這個觀念。當我們感知到外界的威脅時，那顯然不可能來自於我，那麼我當然有權利生氣，而且理當保護自己。這種反擊的合理性，影射出我的攻擊是對的，因為對方先侵犯了我。耶穌在〈正文〉「自我概念與自性之別」那一節中的描述，我們早已耳熟能詳了：

> 這副面容〔純潔無辜的面容〕隨時會轉為憤怒，因世界如此險惡，純潔無罪的人在此無法獲得應有的愛與保障。因此，這張面容常因目睹世界對樂善好施者的不公而痛哭流涕。這副面容絕不會先下手攻擊他人。

> 然而，每天不下百件瑣碎小事，一點一滴侵犯它的純潔無罪，最後它忍無可忍才會無情地反擊回去。（T-31.V.3）

(2:3~6) **其實，設防反而帶來了雙重的威脅。因它透露了當事人的脆弱，他所建立的防衛系統也不堪一擊。這對弱者形成了雙重的傷害，他不只得面對外來的叛逆，還得面對更深的自我叛逆。於是心靈陷入迷惘，不知該向何處求助才擺脫得了這些假想敵。**

小我如此警告我們，我們的心靈不堪一擊，絕對阻擋不了上主的毀滅力量；唯一的自保之道，即是把罪咎思想體系投射出去，打造出一個世界和無數身體。問題是，身體比心靈更脆弱，別人投來一個怪異眼神便能令它崩潰；即使外表看起來孔武有力的身體，卻經不起小小微生物的侵襲。小我想盡辦法要我們相信身體是我們的安全堡壘，沒有比這更荒謬的說法了，更荒謬的是，我們竟然相信小我那套說詞：上主會向我們討債，置我們於死地，唯有身體才保護得了那已被罪壓得奄奄一息的心靈。這種防禦心態必然引發更深的恐懼，因為內心的脆弱感只可能營造出脆弱的自我形象，面對草木皆兵的外在世界，我們隨時都得步步為營。

耶穌再次委婉地邀請我們退後一步，和他重新正視一下世界的瘋狂。說得更具體一點，就是看清我們竟然神智失常到這種地步，相信自己是這具身體，難怪其他身體的一個偶發的邪念或刻意的惡行就能左右我們。耶穌要我們意識到，身體所感知到的一切，不過反映出自己內在的信念。正如玫瑰十字會（Rosicrucians）的名言：「形上如何，形下如是。」（As above, so below）若換成奇蹟術語，即是：「內心如何，外境如是。」我們內心若認同了那個不堪一擊的小我思想體系，身外便會出現一個充滿了罪咎懼的世界。同理，如果我們被特殊性的光環所蒙蔽，自然會歌頌世界和身體的美好，不只視它們為快樂的泉源，還可能將它們靈性化。從此，身體和妄心沆瀣一氣，志在隱藏小我之念。基於「觀念離不開它的源頭」，我們若相信自己背叛了上主的愛，暗地裡還為這逆天之罪而責怪自己的話，就不可能不把罪咎投射於外了。從此，我們只可能在外面看到他人的叛逆，再也不會看到自己內心的叛逆了。

總之，一旦聽信小我的策略，罪咎懼便會在心內恣意妄行，詭異的是，自己始終意識不到，卻在他人身上看到罪咎的蹤影。不論那是出自內心的想法或外境所造成的感受，都逼著自己接受一個事實：心靈絕非安全之地，然而，身體更不安全。下面這一段引言為我們總結了聆聽小我必然面臨的困境：

> 身體是小我親自選擇的居所。……這是心靈最感茫然無措之處。小我一邊告訴自己，我是身體的一部分，身體是我的保護者；一邊又告訴自己，身體無法保護我。於是心靈不能不問：「那麼我應向哪兒尋求保護才對？」小我會回答說：「投奔於我吧！」心靈會理

直氣壯地反駁：小我一直強調自己和身體原是一物，求助於它的保護又有何用？小我對此質問啞口無言，因為它確實無言以對；但小我還有它最拿手的一招。它乾脆把這問題由人心的意識中徹底抹去。問題一旦被小我剔除於意識之外，人心只會感到一股無名的焦慮，但既然連反問的餘地都沒有，便也永無獲得解答的機會了。（T-4.V.4:1,5~11）

對此，《奇蹟課程》的宗旨，即是重建我們質疑的能力，如此才可能聽到聖靈的答覆。但小我絕不會對正念的威脅掉以輕心的，它會千方百計將我們拉回「防衛—攻擊—防衛—攻擊」的惡性循環中：

(3) **心靈好似被一個箍環緊緊地箍住，箍環上又套著另一個箍環，環環相套下去，直到你放棄了逃生的希望。攻擊復防衛，防衛復攻擊，每天、每時、每刻就這樣惡性循環下去，周而復始地將心靈囚禁於銅牆鐵壁內。心靈的枷鎖愈扣愈緊，幾乎看不見任何可供逃生的缺口或盡頭。**

小我告訴我們，只要打造出另一個世界，就能擺脫心靈的困境；然而根據我們的切身經驗，世界也非安身之地。上述這一段話可說是《奇蹟課程》針對攻擊與防衛的惡性循環最清晰的描述了。具體而言，我們相信了小我編造的故事，相信自己真的為了一己生命而背叛了上主，相信自己必會受到天譴；因而不得不把這可怕的罪咎之念投射於外，形成了世界。

接著，我們便在世界演一齣「**非此即彼，不可兩全**」的小我戲碼：「我若要存在，就得有人為此付出代價；我若要贏，必須有人輸才行。」這正是典型的小我思想模式，也是世界的運作法則。任何有形的生命若要存活，必須吞食身外另一生命，不論是透過呼吸或進食，這是維繫物質生命的必然形式。總之，任何生命的存活，不論是在形體或心理上，都需他人或他物為自己付出代價，這是肉體的宿命。只要相信自己就是這一具肉體，我們就無法跳脫「攻擊與防衛，防衛與攻擊」的惡性循環。〈正文〉還有兩段話鮮活地描述小我如何利用攻擊來架空心靈，而身體又如何在這瘋狂的計謀中扮演主角，來廢除心靈重新選擇的能力：

> 小我不會聆聽聖靈的，反而認定造出它的那一部分心靈〔抉擇者〕存心與它作對。為此，它認為自己攻擊主人是情有可原的。它相信最佳的防衛莫過於反擊，要「你」也如此相信。若非你真相信這一點，豈會與它同流合污？小我急著找尋盟友，而非弟兄。小我在你心內感到有個來路不明之物，因此急於跟身體聯盟，因為身體並非你的一部分。所以身體才能成為小我的盟友。

> 小我會利用身體來暗算你的心靈，因為小我明白你這「敵人」萬一識破小我和身體並非你的一部分，它們的命運就此告終了，因此它們必須聯手，先下手為

強。只要深思一下這種邏輯，沒有比它更荒謬的觀念了。虛妄不實的小我，千方百計想要說服真實無比的心靈承認自身只是小我的一項學習工具而已，還要它相信身體比心靈更為真實。任何具有正見者都不可能相信這種說詞的，事實上，也沒有一個正見之士真正相信過它。（T-6.IV.4:1~6;5）

聖子就如此這般地相信了自己是一具失心的身體；不僅如此，由於他的身體隨時都會受到外面另一具身體攻擊的威脅，為了保護自己，不能不加以反擊。攻擊與防衛的惡性循環於是愈演愈烈，不只構成了特殊關係的溫床，還賦予特殊關係無比的動力。

(4) 防衛措施乃是小我向你強制徵收的最高代價。它們瘋狂的程度讓人不寒而慄，使得神智恢復健全的希望成為渺茫的空想。世界慫恿你應該具備的憂患意識，其瘋狂及強烈的程度，遠遠超出你的想像，你對它的破壞力可說是一無所知。

在整部課程中，耶穌反覆從不同的角度來讓我們看清，自己為「防衛—攻擊」的措施所付出的代價，其中之一便是從此喪失了分辨苦樂的能力：

聖靈引導你，只是想讓你少受一點兒苦。任何人只要看清了祂的目的，沒有人會反對的。問題不在於聖靈所說的究竟是對還是錯，而在於你是否想要聆聽祂的

> 話。你早已搞不清什麼是苦了，正如你已搞不清什麼是樂了，你常常把它們混為一談。聖靈的主要任務就是教你分辨兩者的不同。令你喜悅之事對小我可能苦不堪言，只要你對自己的真相心存疑惑，苦樂對你就會變得混淆不清。（T-7.X.3:1~6）

我們的生活固然充滿恐怖與痛苦，而且還會自欺欺人，但比起我們內心信以為真的可怕記憶，可說是小巫見大巫。如果我們相信所有的問題都來自外在或身體，自然也會相信救恩只可能來自外在或仰賴身體的修持。這正是問題的癥結，卻令小我竊喜不已，因為它如此處心積慮，用意就是為了把我們的覺知轉向心外；只要不回到心內，我們便沒有機會選擇基督的大能來取代軟弱的小我，或者選擇喜悅來取代痛苦了。更怪異的是，我們一旦選擇了軟弱，反倒會神智失常，相信自己可能毀滅基督的大能；又因為罪咎的作祟，令我們不能不把背信棄義之罪轉嫁他人。他們既然成了有罪的元兇，理當受到懲罰，因為是他們先發動攻擊的，我們的自衛便成了最合理的反應。

(5:1~2) **你一生為這憂患意識做牛做馬。你已害怕到不知道自己在做什麼的地步了。**

沒有錯，我們一直在受威脅和恐懼的奴役。想當初，我們就是為了逃避上主的報復而逃離心靈的，這個恐懼如影隨形，不只成為我們的生存現實，甚至成了生活的動力。歸根究柢，仍是因為我們害怕失去自己的個體性、特殊性以及重要性，不得已而接受了小我的失心計畫，從此陷入「罪咎—攻擊」以及「攻擊—防衛」的雙重循環。我們當初因為害怕心靈才打造世界的，如今不僅把世界當家，還不斷藉著這雙重惡性循環來證明世界絕不虛幻，真實至極。下面這段引言再次揭露了小我的防衛策略，導致我們一生都在憂患意識下為小我做牛做馬。

> 由於小我對威脅一向十分敏感，以致你心內已然接受小我的那一部分，常會焦慮地為自己心中的理由辯護，完全意識不到這是何等的瘋狂失常。必須認清此舉的瘋狂之處，才有恢復正常的可能。瘋狂的人會以瘋狂的方式保護自己的思想體系。他們的防衛措施必然和他們想要保護的思想體系同樣瘋狂。分裂之境其實空無一物；它每一部分、每種「理由」、每個特性，沒有一個不是瘋狂的。分裂的「防衛機制」既然屬於分裂的一部分，必和整個分裂之境一樣瘋狂。那麼，身為首要防衛機制的特殊關係，怎麼可能不隨之瘋狂？（T-17.IV.5）

接下來的一段引言繼續解釋為什麼這套防衛措施一無用處。它原本是想抵制內在的恐懼，沒想到愈抵制愈強化了「外界確實可怕」的信念。不僅如此，由於所有的防衛心態皆源自初始的分裂之念，它本身便含有攻擊之意，當然會激起對方的反擊，因而引發自己更深的恐懼。由此可見，旨在保護我們的防衛措施，反而壯大了原先想要抵制的東西。就這樣，恐懼滋生更多的恐懼，怨恨滋生更深的怨恨：

> 最重要的，你得明白一個關鍵，所有防衛措施所「做」的，恰恰變成了它們所「防」的。而它們所給的解決辦法也成了它們設法抵制之物，如此才顯得出它們法力無邊。殊不知，愈想防衛的，反倒愈加安全地保存了下來；而且，就在防衛之際，此舉又把那問題送還給你，成了你的問題。每一道防衛措施都是靠賄賂，它送出的禮物常是防衛措施所要保護的那一思想體系的縮影，只是加了一道金框罷了。（T-17.IV.7:1~4）

這段描述原本是針對特殊關係而說的，等我們進入那一主題時再深入討論。在此，我們只需知道，小我的防禦策略下面隱藏的是人心對報復之神的恐懼，目的是要「保護」我們不受天堂的威脅。結果，我們已經看到了，這種防禦不僅加深了恐懼，還令我們在小我的天羅地網中愈陷愈深，難以自拔。

(5:3~4) 你並不了解自己被迫做了多大的犧牲，只感到自己的心在它鐵掌的控制下動彈不得。你也不明白，自己的防衛措施對上主的神聖平安之境已構成多大的傷害。

耶穌要我們明白，為了護守自己的個體性，我們犧牲了多少東西：我們喪失了基督的身分，幸福、平安和喜樂從此杳不可見；我們捨棄了完美的一體自性，為個體性與特殊性打造偶像，也就是充滿威脅的可怕世界，從此掉入人人都成了輸家的分裂夢境。〈正文〉第二十六章一開篇即點出身體在分裂思想體系所扮演的關鍵角色，它首先將矛頭直指上主，繼而轉向身旁的弟兄：

> 在攻擊的運作模式中，犧牲的觀念是一個關鍵。所有的妥協手段、拼命的討價還價，以及形形色色的衝突就是靠這一樞軸而獲得了表面的平衡。犧牲所要表達的核心主題是「**總得有人受損才行**」。這顯然是衝著有限的身體而說的，因為犧牲是為損失設限最常見的一種伎倆。身體本身即代表犧牲，它為了幫你保全一些東西，不惜放棄其他能力。把弟兄視為身外的另一具身體，表示你只想看見某一部分的他，而不惜犧牲其他部分。……你若把弟兄看成是跟你對立的一具身體，各自活在自己的密室裡，等於要求他和你一起犧牲。人間最大的犧牲莫過於聖子自以為喪失了天父，以及天父痛失了自己的聖子！每一個犧牲都在要求天父與聖子分裂，寧可讓祂們斷絕關係。你若要求任何人犧牲，就表示你拒絕憶起上主。（T-26.I.1:1~6;4:2~6）

幸運的是……

> 你可以不看那一體性，但你犧牲不了一體性。即使你有意犧牲，也不會失落它的，因你阻礙不了聖靈的工

> 作，祂遲早會讓你明白，你從未失落一體性。（T-26.I.6:1~2）

(5:5) **因上主之子在你眼中只是一個受害者，他在妄想、夢境，以及自己營造的幻相中發動攻擊；然而，又在這些幻相前顯得如此無助，只好求助於更多的妄想、夢境等等防衛措施，帶給自己一些虛幻的慰藉與保障。**

一旦聽信了小我之言，必然相信自己已經毀了基督身分，我們只好另行打造一個分裂的個體來取代上主之子。從此，我們只能在一個危機四伏的世界苟且求生，意識到自己是不折不扣的受害者——我們成了夢境中的英雄，他人全都淪為邪惡的加害者。不僅我們認為自己是他人的受害者，他人也認為自己是我們的受害者，最後，我們全都相信了小我之言，成為復仇之神的受害者（當初就是這個恐懼逼得我們另起爐灶的）。不消說，這種瘋狂信念全是小我捏造的故事，包括了我們對世界、身體與救恩的觀感；最終的目的不過是要證明，我們的攻擊情有可原。小我利用我們的怒氣再次證明罪的存在，只是這個罪如今轉移到別人身上，我理所當然應該以其道還治其人；天堂的平安從此無跡可尋，基督再次被釘上十字架：

> 只要憤怒一起，不論大小輕重，你都會被罩在一簾沉重的帷幕之下，而認為平安不可能存在的信念必會復萌。於是，鬥爭又再度被視為唯一的現實。此時的你必須再次放下手中的劍，縱使你未必覺察自己早已

執戈備戰了。然而，只要此刻的你還依稀記得自己手中無劍時的幸福，你就會慢慢看出自己必然已經再度武裝起來保護自己了。現在，不妨靜下來想一想：你真的想要衝突嗎？難道上主的平安不是更好的選擇？哪一個會帶給你更大的益處？可別小看了寧靜之心這份禮物。你豈會不想好好地活下去而寧願選擇死亡？（M-20.4:2~9）

一如往昔，耶穌要我們特別留意，選擇小我而且聽信它那套定罪、攻擊、防衛的策略所導致的後遺症。他再次反問我們：「你究竟想要幸福還是痛苦？你要選擇生命還是死亡？你想從夢中覺醒，還是繼續昏睡下去？」決定權操之於我們，《奇蹟課程》不過是幫我們看清小我的陰謀，我們才可能痛定思痛地轉身而去，邁向天鄉。

接著，我們來看一看跳脫小我防衛機制的「不設防」，它是個什麼樣的心態：

(6:1) **不設防就是力量。**

在《奇蹟課程》中，「不設防」的觀念和外在的行為沒有任何關係。「不設防」並不意味著，如果一個陌生人持刀闖入你家，威脅你，你只能站在那兒，什麼也不做，任他傷害你所愛的人。耶穌關切的是你的心態，從不限制你身體行為的反應。由此可知，「不設防」其實代表了一套思想體系，表示你已經選擇了聖靈，以祂的大能作為自己的力量。在這前提下，你自然沒有防衛的必要了，因為只有個體之我才有待保護。我們都知道小我的第一道防線就是罪咎懼，第二道防線則是世界，兩者聯手為小我達成任務。我們一旦選擇聖靈，等於否認了分裂，而與基督的一體生命認同，從此，我們自然沒有防衛的必要，因為我們已經進入了無需防衛的安全地帶。海倫有一首小詩〈獻給我的自性之歌〉，生動地描述了「不設防」憑藉的究竟是什麼力量：

我是獨一無二的，無人能夠取代；
在上主的造化中，我是祂的至愛，
唯有瘋狂的人才會相信
自己可能受苦，受驚，甚至受害。
我如此神聖、全然不受罪的污染，
擁有無限的智慧，永不失落的愛，
擁有完美的耐心以及永不退轉的信心，
人間的罪念侵犯不了我的純淨，
誰能想像這樣的我可能受苦？
認為我會受苦的人肯定神智不清；
我既不曾離開天父的家園，
何須跋涉千里，返回祂的身邊？

——《天恩詩集 / 暫譯》P.38

只要繼續讀下去，便會明白，真正的「不設防心態」和

「選擇聖靈為師」其實是同一回事。只要有聖靈的臨在，我們遲早會憶起自性的。

(6:2) **它證明了你已認出活在你內的基督。**

能夠毫不設防地活在人間，內心不起憂懼、攻擊或威脅之念，足以反映出抉擇者已經與聖靈認同，憶起自己的基督身分了；這種人等於為正確的選擇現身說法。耶穌在〈心理治療〉一文中，藉由心理治療的過程，解釋了其中的奧妙；治療師的「不設防」心態成了療癒的主要動力。

> 瘋狂的人必會為自己的幻覺辯護，因為那些幻覺對他們已成了一種救恩。因此，他會攻擊任何企圖將他由幻覺中救拔出來的人，認為對方侵犯了他。「攻擊—防衛」這種怪異的循環，是心理治療師最難處理也必須處理的問題。事實上，這是他的重點任務，也是心理治療的核心。病患會認為治療師侵犯了自己珍愛之物，那寶貝就是病患的自我形象。由於這幅形象已成了病患心目中的避風港，他必會把心理治療師視為切身的威脅，隨時加以反擊，甚至不惜將他滅口。
>
> 因此，心理治療師的任務艱鉅。他必須以不還擊來回應病患的攻擊，也就是放下自己的防衛措施。他有責任向病患示範，防衛是不必要的措施，不設防才是真正的力量。如果他自己想學到「神智清明才是真正的

> 保障」這一課，他必須教人明白其中的道理。我們必須再次強調，神智失常的人必然認定「正常」比「瘋狂」更為可怕。這是由「原罪」衍生出來的邏輯，它不僅相信罪咎的真實性，而且視之為天經地義之事。因此，心理治療師的任務就是教病患看出罪咎的虛妄不實，不足以置信，也不會帶給人任何保障。治療師必須幫病患看出罪咎既不真實又不足取。（P-2.IV.9,10）

治療師呈現的「不設防」等於向患者證明了小我的罪咎、攻擊和防衛那套體系毫無意義；他不只示範了正念的心境，同時還讓患者看到「不認同」小我妄念體系的具體成效，鼓舞他發揮同一選擇的能力，與基督認同，為自己的基督作證。

(6:3) **也許你還記得〈正文〉所說的話：你的抉擇一向是在基督的力量及你的軟弱無能（因你以為自己與基督分裂了）之間作選擇。**

選擇聖靈，等於選擇了基督的大能；選擇小我，等於選擇了小我的軟弱。各位一定還記得〈正文〉結尾這段發人深省的課文，與上述這段話互相呼應：

> 你始終是在自己的軟弱及內在基督的大能之間作選擇。你選擇什麼，它對你就會變得真實無比。只要你不再讓自己的軟弱無能來指導你的行動，你的無能便

一無所能。內在的基督之光開始為你的作為負責。因你已將自己的無能交託給祂，祂也把自己的力量回贈予你了。（T-31.VIII.2:3~7）

別忘了，小我最害怕的莫過於我們有朝一日憶起自己原是那個打造夢境的心靈，因為這表示了我們也具有扭轉這一錯誤的能力，可以重新選擇基督的大能而捨棄小我的軟弱。

(6:4) **不設防之境是不會受到攻擊的，因為不設防表示已認清那力量的偉大；相形之下，攻擊顯得極其愚昧，猶如疲倦的孩子所玩的無聊把戲，他已經睏得記不得自己究竟要什麼了。**

耶穌把世界和它的分裂思想體系總括為一句「疲倦的孩子所玩的無聊把戲」。當然，這並不表示我們選擇了聖靈之後，便不會有人向自己發動攻擊了，而是在我們眼中那些行為已不算攻擊，僅僅是一場無聊的兒戲罷了，你也終於能夠對這小小瘋狂一念一笑置之了。（T-27.VIII.6:2）總之，千萬別把《奇蹟課程》理解成一套行為指標，它只關切我們正在選擇哪一套思想體系，究竟是拜誰為師了。說起來，這真不容易，因為我們根深柢固地認為自己是一具脆弱的身體，而且身陷四面楚歌的人生戰場，全然忘記自己原是心靈，安然活在小我思想體系之外。當我們陷入昏睡，徹底遺忘了渴望覺醒的正念心境，不可能不在夢境中歷盡滄桑的，那些可怕的夢境會在夢者的心中顯得無比真實：

> 如果你眼前所見都是至為嚴重的後果，而你又看不見那微不足道的起因，你便無法把它當作一個玩笑看待了。不明原因的後果，顯得特別悲哀而且嚴重。其實，它們只是延伸出來的後果。那個毫無來由的起因，才是真正的玩笑。（T-27.VIII.8:4~7）

不再以眼還眼、以暴制暴，大概是奇蹟學員最大的挑戰了。〈心理治療〉一文告訴我們，唯有不再全面與身體認同的人，才可能真正做到「不設防」。也因此，《課程》反覆著墨的，即是先幫我們放下對身體的認同，如此，方能逐漸從妄念體系轉向正念體系。若要完成這一功課，就得不斷學習把此生所有的經歷都放在人生教室中，這正是寬恕的真諦。唯有如此，才表示我們已經從小我之見轉為聖靈之念了；也唯有如此，「不設防」才算是最切身且最有意義的人生目標。換句話說，若想真寬恕，必須記住自己是夢者而非夢中人。下面這一段〈正文〉說得不能再清楚了：

> 你若知道自己在作夢，自然不會跟著夢中角色起舞。你一旦認清了那原是你自己作的夢，不論夢中角色顯得何等可恨或何等兇暴，都再也影響不到你了。（T-27.VIII.10:5~6）

一旦意識到夢的本質，夢中的一切真的就像「疲倦的孩子所玩的無聊把戲」，我們自然不會與它共舞了。

(7:1~2) **防衛代表了軟弱無能。它聲明你已否定了基督，開始害怕天父的憤怒。**

當聖子否定了自己的基督身分，便會自認為罪孽深重，只好面臨天譴。確實，面對如此憤怒的上主以及祂可怕的復仇力量，誰不會感到膽戰心驚呢？

(7:3~4) **你一旦相信自己看到了憤怒的神在邪惡世界所呈現的猙獰面目，那麼，還有誰能將你由自己幻想出來的憤怒之神中拯救出來？你交戰的對象既然都是幻相，自然只能靠幻相來保護你了。**

小我告訴我們，那憤怒之神始終潛伏心靈內，虎視眈眈，故世界成了我們的避難所。可還記得「**內心如何，外境如是**」這一原理？世界乃是根據心內的罪咎與邪惡而量身打造的，不多也不少。但請記住，當耶穌教我們透過他的眼光去看時，世界不會頓時煥然一新，而是我們已能看穿恐怖夢境的虛幻本質而已。世界依然是攻擊上主的仇恨之念打造出來的，這一點並不會改變，改變的是我們對世界的反應模式——我們終於能夠對那場兒戲一笑置之了。世界的起因（即罪的瘋狂信念）若不曾發生過，那麼罪的結果（即苦難和死亡的世界）也不可能存在了。為此，我們才可能對它莞爾一笑地說：

> 不明原因的後果，顯得特別悲哀而且嚴重。其實，它們只是延伸出來的後果。那個毫無來由的起因，才是

真正的玩笑。聖靈看得見真正的起因，祂只會輕輕一笑，毫不在意那些後果。（T-27.VIII.8:5~9:1）

既然如此，我們豈會把人間的衝突幻相當真呢？

(8:1) 今天，我們不再玩這幼稚的遊戲了。

不知有多少學員讀到這句話，會想跟耶穌說：「真的嗎？你要跟我賭多少錢？」只要一牽連到特殊性、攻擊和恐懼的人間遊戲，對我們而言不可能是一場兒戲，我們絕不會輕易放下的，因為我的存在感就是建立在這些痛苦與死亡之夢上的。

(8:2) 我們真正的目的既是拯救世界，自然不會讓這愚昧的遊戲取代了此生任務給予我們的無窮喜樂。

可以說，這幾句話是在為下一課「我身在上主的牧者之列」（W-154）鋪路。不讓「這愚昧的遊戲取代了此生任務（即寬恕）給予我們的無窮喜樂」，這句話其實是針對正念之心而說的。小我設計出一個瘋狂的失心大計，用身體保住妄心內的罪咎，使得正念之心的寬恕落於英雄無用武之地。

(8:3) 我們不會因著腦海中無謂夢境的浮光掠影而讓幸福溜走，也不會把夢中的角色誤認為上主之子，或把黃粱一夢當成了永恆。

所謂「腦海中無謂夢境的浮光掠影」，指的就是在實相中不曾發生的「小小瘋狂一念」。不幸的是，我們當時沒有對它一笑置之，反而把它當真了，從此聖子變成了夢中的一個角色，淪為軟弱無能的受害者，然後理直氣壯地建立起防禦措施。難怪耶穌不斷反問我們：何苦耽溺於這恐怖的「黃粱一夢」，終日忙著攻擊與防衛，寧可放棄返回天鄉的永恆喜悅？

(9) 今天我們要越過所有的夢境，並認清自己無需設防，因為我們受造的生命是凜然不可侵犯的，絕不會有任何認同攻擊的念頭、希望，或夢想。從此，我們不再害怕，因為我們已經拋棄了所有可怕的念頭。在不設防之下，我們立場堅定，活得心安理得，相信自己安全無虞，必會得救，也必會完成自己選擇的目標；如此，我們的牧靈使命便已將它的神聖祝福推恩到世界的每一個角落。

這並不意味著從此所有的經歷都會稱心如意，而是說，無論發生了什麼事，你都能平靜地面對，因為你已經選擇與耶穌同行。也就是說，你選擇了基督為你的真實身分，基督的大能必會伴你安度每一日，祂的溫柔臨在足以守護你的「不設防」，道理就這麼單純。〈教師指南〉在上主之師第六個人格特質中是這樣描述的，讓我們念一下：

> 上主的教師學會了如何活得單純。他們已無需去作那些抵制真理的夢了。他們也無意將自己打造成什麼人物。他們如此喜樂，因為他們已經了解是誰創造了他們。上主創造之物哪裡需要任何保護？防衛措施所保護的不過是一個瘋狂的幻相，實在愚不可及；唯有徹

> 底了解其中道理的人，才堪稱為上主的資深教師。夢境愈是陰森可怕，它的防衛措施愈顯得銳不可當。唯有等到上主之師甘心對幻相視若無睹時，才會發現那一切都是虛張聲勢而已。開始的時候，他只能試著不受幻相所蒙蔽。隨著信賴的增長，他會進步得愈來愈快。放下防衛措施之後，隨之而來的不是危機意識。而是安全感。是平安。是喜樂。也就是上主。（M-4.VI.1）

活在正念中的人，哪一位不嚮往這種心境？誰會甘心承受「罪咎—攻擊」以及「攻擊—防衛」雙重枷鎖帶來的痛苦？這幾天的練習都在幫助我們恢復心智清明，準備領受救贖。我們隨後還會讀到，領受救贖這一學習過程才是我們在世的任務，這和其他宗教要求牧職人員活出聖潔的榜樣或完成某個偉大使命大異其趣；《奇蹟課程》只著重於思想體系的轉變，它要幫助我們從罪咎轉向神聖，從仇恨轉向寬恕，從自我防衛轉向不設防的心態。

(10) 安靜片刻吧！默想一下你的目標何其神聖，你的安息在它的光照下多麼安穩，無驚無憂。上主的牧者已經選擇要與真理同在了。還有誰會比他們更加神聖？有誰能比他們更肯定自己的幸福具有全面的保障？有誰會比他們受到更強大的保護？凡是被上主揀選的人（那不只是出自祂的揀選，也是他們自己的選擇），豈會需要任何防衛措施？

我們知道，就在選擇上主的那一刻，我們也同時被上主揀選了。無庸置疑，這其實與上主無關，只因我們一度拒絕了祂，如今才需要重新選擇上主，修正先前的錯誤。錯誤一經修正，當下便會感到平安寧靜，因為我們不再被雷雨交加的罪咎和攻擊所困；神智一旦恢復清明，我們自然就放下了所有的防衛措施。

(11:1) **上主牧者的任務即是幫助弟兄作出與自己類似的選擇。**

這是上主的牧者或上主之師的職責：只需活出平安和愛，無需藉助任何語言，即能向他人示範什麼才是正念的選擇，並且鼓舞他人：「這是我作的選擇，上主之子既然是同一生命，你必然也能作此選擇的。」事實真的如此，只要我作出了正念選擇，你也必已作此選擇了。如此，我們好似扮演了耶穌的角色，向世人展現活在聖靈內的境界：當耶穌從死亡夢境復活時，我們與他一起復活了：

> 你是祂在世的化身。你的一位弟兄〔耶穌〕正呼求你與他一起充當祂的「聲音」。他無法獨自成為上主之子的神聖助手，因為僅憑自己，他一籌莫展。唯有與你攜手，他才能成為世界的光明救世主，他的救贖任務因你而得以圓滿。祂向你，同時也向他致謝，因為你在他拯救世界之際，與他攜手並進。（C-6.5:1~5）

因此，我們的「牧職」不過是讓自己成長得像耶穌那樣，示範出「不設防」的心靈是何等的境界。各位可能還記得海倫那首鼓舞人心的〈耶穌禱詞〉，就是要我們仿效耶穌，「從一個孩子，長大成人，然後活出靈性……」。這首詩的結尾是這樣的：

你展現了
我完美的境界，
是要我磨亮弟兄昏聵的視野。
當他們再度抬起雙眼，
願他們看到的，
是祢，而不是我。

——《天恩詩集 / 暫譯》P.83

(11:2) **上主揀選了所有的人，但只有少數人明白祂的旨意原是自己的意願。**

上面這句話是根據〈馬太福音〉的古卷那句名言「被召的人多，選上的人少」而改寫的。耶穌在〈正文〉是這麼說的：「所有的人都被召叫，只是願意聆聽者卻少。」(T-3.IV.7:12) 言下之意，上主只可能召喚**所有的**兒女，因為我們是祂生命的一部分。只因神智失常的我們，相信自己背棄了上主，遠離了愛，此刻我們才需要再次選擇上主，最終明白祂的旨意和我們的意願原是同一個旨意。

(11:3~5) **你若不去教人你所學到的一切，救恩只好佇足等候，眼看著黑暗勢力無情地蹂躪世界。而你也無由得知光明已經來**

臨，你也已經解脫了。因在你把光明帶給所有的弟兄以前，你是不會看見光明的。

這幾句話預告了下一課的核心觀念，細節且留待日後深入。目前只需要明白一點，我們若對小我陰暗的思想體系還保有一絲留戀，就不可能體會到內在的光明；除非我們不再把弟兄視為「外人」，我們自己才可能褪下陰暗的小我外衣，而展現出自性的光明。

(11:6~12:2) **直到他們由你手中接到光明，你才會認出自己真的擁有這一光明。你可以把救恩想成快樂的孩子所玩的遊戲。是深愛祂兒女的天父設計出來的，祂會用歡樂的遊戲來取代他們可怕的玩具，教他們看出恐怖遊戲已經結束了。**

所謂「歡樂的遊戲」指的就是寬恕。它雖然仍屬幻相，但和小我充滿謀害、痛苦和死亡的虛擬遊戲相比，完全不可同日而語。聖靈的遊戲是為了化解罪咎、仇恨與痛苦而施設的，祂如何借用快樂的寬恕遊戲來取代小我恐怖的批判遊戲？不消說，就是要我們和耶穌一起正視那些令人痛苦焦慮的事件，試著越過它們而著眼於幻相下面的真相。以下這段〈正文〉也採用「玩具」的意象來影射小我的思想體系，值得深思吟味：

> 你營造出來的那些無聊又無用的神明，只是虛有其表的童玩而已。……你在那並不存在的間隙裡填滿了各式各樣的玩具。每一個玩具都好似不遵守你設定的

遊戲規則。它根本就不是你心目中那個東西。但它威脅不了你的。……但他再也不被這些玩具擺佈了。它們再也威脅不到這孩子了。……你所相信的那些自我幻相，反倒常常不按牌理出牌。……我的孩子，它們只是玩具而已，不用傷心哀悼。它們的演出其實從未帶給你任何喜悅。但它們也不值得你害怕；即使它們遵守你的遊戲規則，也不會給你任何保障。你不必珍惜它們，也無需攻擊它們，只要把它們當作小孩的玩具，本身毫無意義即可。你若在它們身上看到一個意義，你就會看出所有的意義；你若在它們身上看不出任何意義，它們就影響不了你。（T-30.IV.2:1; 3:1~3,5,9~10;4:3,6~11）

特殊關係其實就是一種玩具，藉由這種「玩具」的角度，我們才能懷著遊戲的心態將噩夢轉為美夢。如此，當我們看到自己又在幹同樣的傻事，為這些兒戲而喪失了內心的平安，屏蔽了聖子一體慧見，那時我們就不難一笑置之了。

(12:3~5) **祂的遊戲方式洋溢著歡笑，因為沒有人會輸。參與遊戲的每一個人都會贏；而且只要有一人贏了，所有的人都會共蒙其利。當孩子們看到救恩所帶來的好處時，他們自然樂於放下以前的恐怖遊戲。**

這一番話可說是一刀刺入了小我的要害，也就是它那套「非此即彼，無法兩全」的生存法則，化解了「你死我活，我贏你輸」或「你活我死，你贏我輸」的心態。聖靈要我們學習的則是「人人皆贏，無人會輸」的遊戲，這一招足以讓小我徹底坍塌。為此，當我們不自覺捲入一個有輸贏或有得失的處境時（即使只在腦海中尚未付諸行動），我們就應警覺自己已經拜在小我門下了。

若想轉換老師，唯一的條件不過是求助的願心而已，請求耶穌幫我們越過對方的小我表相而看到下面隱藏的求助之聲。別忘了，他的求助聲其實也深埋在自己心中。如今有耶穌相伴，我們終於能夠穿越陰暗的表相而看到人心內隱藏的光明，那不只是我們共有的，它其實是**同一**光明。只要真心求助，保證會得到俯允，因為暗中敦促著我們求助的，不是別人，而是那個光明記憶的本身。當初我們為了保護小我而把這記憶埋藏、遺忘，如今只能藉由寬恕對方，方能從他身上看到這個光明。我們先前在對方身上看到的黑暗，其實也是自己不敢面對而投射給他的；他這特殊偶像可說是小我最喜愛的「罪的玩具」。至於如何由陰森的個別利益轉為光明的共同福祉，下面這段話為我們精彩地總結出這一轉變的關鍵：

> 孩子，光明始終都在你身邊。你只是在作夢而已，那些偶像不過是你夢中的玩具而已。只有孩童才需要這些玩具。他們假扮為世界的主人，賦予那些玩具行動、說話、思想、感覺，以及代自己發言的能力。這些玩具的一言一行所表達的顯然是遊戲者的心態。然而，所有遊戲玩家都會設法忘卻那是自己編出的夢，

> 寧願相信夢中的玩具是真人真事，也不願承認那些願望原來都出於自己。……孩子卻如此深信；正因為他害怕自己的念頭，才把那些念頭轉嫁於玩具身上。於是，玩具的現實變成了他自己的現實，如此一來，才能使他不受自己的念頭所害。其實，正是這些玩具把他的念頭變得栩栩如生，幾可亂真，不斷在他的身外演出，只要他敢使詐，玩具便會轉身攻擊。他原想藉那些玩具來躲避自己的念頭，只因他以為那些念頭都是真的。為此，他不能不把所有的東西都變成玩具，再把世界推到自身之外，假裝自己只是世界的一個棋子。（T-29.IX.4;3~8;5:5~9）

耶穌接著呼籲我們，放棄小我為了個別利益而打造的批判之夢，來換取真實世界的幸福美夢。這段話的用詞十分近似保羅的名句：「我作孩子的時候，說話像孩子，心思像孩子，意念也像孩子；既成了人，就把孩子的事丟棄了。」（〈哥林多前書〉13:11）如果要放下「孩子的事」，我們需要耶穌的慧眼，把別人的一切作為看成「若非愛的流露就是愛的求助」，方能呈現出救恩的共同福祉之精神。

> 時候到了，該讓童年的一切過去而且永遠地過去。別再設法留著兒時的玩具。收起來吧，你再也不需要它們了。判斷之夢只是孩子的遊戲……。〔孩子〕常感到大禍臨頭，十分害怕這個混亂的世界，以為世界受

> 制於他所打造的無明法則。幸好，真實世界絲毫不受他誤以為真的世界所影響……。（T-29.IX.6:1~4,7~8）

> 真實世界仍是一個夢，只是夢中的角色改變了，他們不再扮演隨時翻臉不認人的偶像。在這夢裡，沒有一人取代得了另外一人，也沒有一物能在心靈所發的念頭與眼睛所見的景象之間作祟。沒有人會被視為他所不是之物，因幼稚的玩具全都收起來了。過去的判斷之夢，如今都轉為喜悅之夢；這才是夢的目的所在。只有寬恕之夢才能進入真實世界，時間就快要結束了。夢裡的魅影如今都成了你的弟兄，這不是透過你的判斷能力，而是透過你的愛。（T-29.IX.7）

(13:1~2) **你過去一直在玩的遊戲是：希望破滅，被天父遺棄，孤獨而恐懼地活在一個由罪與咎交織而成的瘋狂恐怖之世界裡；如今，你可以歡樂了。因那遊戲已經結束。**

問題是，那些兒戲的主軸直接牽動到自己的個體價值。我們讀到這裡，如果會高興地說：「真棒啊！遊戲已經結束了！」那麼，我們大概沒聽懂話中的深意，因為結束的不只是罪咎懼的噩夢，連我的特殊性與價值感也一道隨之消失了。所以，當耶穌宣告「遊戲已經結束」時，我若還依戀自己的特殊價值，我是不會讓它結束的。「由罪與咎交織而成的瘋狂恐怖之世界裡」這一句話，大概會讓我們憶起〈正文〉第十三章開門見山所說的世界之本質：

你眼前的一切乃是被罪咎逼瘋的心靈妄想出來的世界。（T-13.in.2:2）

(13:3) **如今，太平的日子已經來臨，我們可以放下罪咎的玩具，永遠不讓那古怪幼稚的罪惡念頭進入天堂兒女及上主之子聖潔的心靈中。**

請看，除了《奇蹟課程》的耶穌以外，還有誰會把罪惡視為「古怪幼稚」的念頭！只因他是從夢境之外俯視人間，才能看出罪的觀念如此幼稚；唯有陷身夢境的人，才會感到世界的恐怖。因為認為活在世上的我們必然相信自己已經毀滅了天堂，故我的存在是建立在「上帝已死」的信念上，這麼嚴重的事怎能說是「古怪又幼稚」！設想一下，如果你今天又感到「事態嚴重」，開始向耶穌求助，他要是告訴你，你這想法「古怪又幼稚」，看看你會有何反應。你一定會非常惱怒，耶穌竟然把這麼嚴重的問題降級成「古怪又幼稚」的想法；因為這在他眼中不是特殊的愛，就是特殊的恨而已。因此，我們若真想了解耶穌這番話的深意，認出自己對特殊性與救恩的觀點是多麼古怪而幼稚，就得看我們對天堂兒女或基督自性的「聖潔心靈」之渴望有多深了。

(14:1~5) **我們仍需在人間逗留片刻，演完最後一場快樂的遊戲。然後，便可回歸我們真正的家鄉，也就是真理所在之地；所有的人間遊戲一到那兒便失去了意義。故事也就到此結束。讓我們在這一天把世界拉向它的結局，使所有的人逐漸明白：**

他在故事裡所讀到的可怕的宿命、破滅的希望、令他難以招架又無處可逃的報應，這一切全是他自己的錯覺幻想而已。上主的牧者已經喚醒了他的陰森之夢，也就是那扭曲的神話故事在你心中留下的記憶，再由那陷於混亂與迷惑的記憶演繹出來的故事情節。

「快樂的遊戲」，指的仍是寬恕；而「最後一場快樂的遊戲」，則是真實世界。不論我們玩的是罪的遊戲或寬恕的遊戲，從天堂的角度來講，同樣沒有實質的意義。這真是天大的福音！表示看似呼風喚雨的小我原來只是一個愚昧又不真實的念頭而已，唯有精神錯亂的心靈才會把它當真；縱然當真了，也不至於對實相產生任何作用。正因為這個福音，我們方能在穿越小我惡毒又瘋狂的夢境時始終纖毫無損，一個純潔無罪的夢便會前來呼喚上主之子了：

> 你無需害怕邪惡的勢力，昂首闊步行走於至善之境吧！純潔無罪的人永遠高枕無憂，因為他們與人分享了自己的純潔無罪。萬物在他們眼中都是無害而可親的，他們一體悟出萬物的真相，萬物便由傷人的幻相中釋放出來了。那些看似有害之物，一旦擺脫了罪惡及恐懼的束縛，便會放出純潔的光輝，歡天喜地回歸於愛。（T-23.in.3:1~4）

順便一提，詩歌愛好者大概已經注意到，本段最後兩句都押了d韻。

(14:6) **上主之子一旦明白了這一切都不是真的，他的臉上才可能再度展現笑容。**

請記住，當你說「這一切都不是真的」時，不僅聲明你和他人所歷經的痛苦都不是真的，連你特殊的一生都成了夢幻泡影，因你已經體認到自己只是夢中的一個角色而已。

從這兒開始，一直到本課結束，耶穌告訴我們如何操練今天的功課：

(15) **我們今天的練習形式，日後還會繼續沿用一段時間。在一天之始，我們盡可能專注於當天的觀念上，愈久愈好。如今，救恩成了我們唯一的目標，五分鐘的練習乃是最起碼的要求。最好十分鐘，十五分鐘更好。當我們的練習不再分心走意時，我們就會發現，和上主相處半個小時都嫌短了一點。到了晚上，我們也會心甘情願又喜悅感恩地投入同樣長的時間。**

耶穌顯然提高了他的門檻，他說：「和上主相處半個小時都嫌短了一點。」言下之意，我們操練《奇蹟課程》已經進入一個新的階段，他要我們隨時隨地置身於上主的愛內。在這個階段，「愛對愛的吸引」（T-12.VIII）遠遠大於罪咎對罪咎的吸引，於是，每一天的功課愈來愈像一場快樂的遊戲。即使我們做不到這一點，如今至少已知道原因何在，也知道該向誰求助來轉變心念了。

(16) **只要我們記得忠於自己與上主共有的旨意，我們的平安會**

隨著每一小時的練習而更加深沉。每一小時之始，我們也許只能練習一分鐘或更短的時間。有時，我們根本忘了。又有些時候，我們會被俗務纏住，連想要抽身半晌將念頭轉向上主的時間都沒有。

耶穌再次提出他對我們的期待，我們若真想操練他的課程，實在該把上主之愛置於世界的誘惑之上。但他也知道我們經常都會忘記，不只是因為「俗務纏住」，而是因為那種愛對小我威脅太大了，因而不自覺地抵制聖靈，不讓愛的記憶浮現。他明知我們會忘記操練，仍鼓勵我們盡力而為，而且提醒我們，無需為自己對愛的抗拒而感到內疚。

(17) **然而，只要能力所及，我們必會履行自己已接受的上主牧者之職，每一小時都憶起我們的使命與祂的聖愛。我們會靜靜地坐下，等待祂的來臨，聆聽祂的聲音，認出下一個小時祂要我們做的事，同時也感謝祂在上一小時給我們的一切禮物。**

是的，我們的任務並非拯救世界或為世界帶來愛，反之，耶穌在此要我們靜靜地坐下，意思是要我們意識到自己內心的聒噪，不再理會小我不斷輸送給我們的罪咎、判斷、攻擊、防衛之聲。唯有安靜下來，我們才可能聽到心內不帶批判的平安之音，因為我們不再需要發動攻擊來保護自己了。在愛的天音中，我們的心靈當下會醞釀出具體的回應，令我們感到好似有人告訴自己該做什麼或該說什麼。其實，「祂要我們做的事」不過是暫時放下小我，和祂靜靜地在一起而已。祂的聖愛臨在於我們寧靜的存在核心，溫柔地指點迷津，將前一小時的功夫延伸到下一小時，綿延不斷。這就是我們在世上的任務：結出寬恕的果實，活出「不設防」的榜樣：

> 所幸，你永遠有這一席安息之地可以回歸。而且你對這暴風眼之寂靜核心的敏覺度，遠遠超過了在它四周肆虐的風暴。你什麼都不需要做，這寂靜的核心始終與你同在，讓你每天在為聖靈服務的忙碌行程中仍然得享安息。因為這一核心會指點你如何以無罪的心態發揮身體之用。身體無法存在於這一核心的，當你意識到這一核心，就會失去身體的意識。（T-18.VII.8）

(18:1~3) **練習到了某個階段，你就再也不會忘記祂了，你會隨時聽見祂慈愛的天音領你邁上寧靜之路，毫不設防地前進。因你知道，整個天堂與你同行。縱然在你忙著帶給世界救恩之際，你的心也不會遠離祂片刻的。**

內心若有愛的指引，俗務再忙，也不會忘記自己是上主之子，更不會忘記天父的愛。懷此心情行走於人間，仍然可以關心這**形式世界**發生的事件，心中卻須臾不忘耶穌所象徵的**愛之內涵**。耶穌在〈正文〉曾說：「上主是我的生命，也是你的生命。」（T-11.IV.6:7）我們在人間共享的同一生命，足以反映出天堂的一體生命。

(18:4~19:2) **當你決心實現祂為你和世界所設的救恩計畫時，你想祂會不助你一臂之力嗎？今天的主題就是不設防。我們要披**

戴這件護身衣迎接這一天的來臨。

披上「護身衣」就是選對了老師。只要心心念念跟隨這位老師，我們便可有恃無恐，根本無需譁眾取寵，生活變得無比簡單。

(19:3~6) **我們屹立於基督內，只要記得祂在我們內的力量，脆弱感便會煙消雲散。我們要隨時提醒自己，今天祂會始終陪伴在旁，以祂的力量為軟弱無能的我們撐腰。我們一旦感到自己的防衛措施開始危及我們堅定的目標時，立即呼求祂的力量。當我們聽到祂答覆說「我在這裡」時，讓我們靜止片刻。**

然而，基督再有能力，我們若不認同祂的力量，它就形同虛設；除非我們決心放下小我，否則「脆弱感」仍會如影隨形的。正因如此，這一句特別重要：「我們一旦感到自己的防衛措施開始危及我們堅定的目標時，立即呼求祂的力量。」再提醒一次，向耶穌求助的先決條件是，我們意識到自己已經選擇了小我。也就是說，當我們內心冒出與特殊性相關的情緒（例如憤怒、生病，害怕或抑鬱）時，立即勇於承認：「我因為害怕上主的愛，才選擇了小我的脆弱，我以為這樣就不需要為自己拒絕的愛而付出痛苦的代價。」有此自知之明，再選擇耶穌為師，這個轉變便顯得特別有意義，而且必有立竿見影之效。

我們之所以寧願認同脆弱的小我，只因我們相信基督的力量很可能毀掉心目中的自我感。因為小我不時向我耳提面命：

「你若輕易放棄特殊性的快感，無異於犧牲了自己。」耶穌卻告訴我們：「那些快感只是兒童的幼稚玩具，它們會強化我們對身體的信念，因而掉入小我的死亡思想體系。」如今，上主的記憶離我們只有瞬間之遙，愛的歡樂已經觸手可及了，這時，還有誰會選擇罪咎之苦？還有誰會選擇死亡？

> 上主的教師已經能夠毫無遺憾地捨棄人間的欲樂了。捨棄痛苦豈能算是一種犧牲？成人豈會因為放棄童玩而惱怒不已？已能看清基督聖容的人，豈會留戀人間這座屠宰場？已由生老病死的世界解脫出來的人，也不會回頭去詛咒世界的。但他必會慶幸自己擺脫了世俗價值向他索求的一切犧牲。為了那些價值，他犧牲了所有的平安。為了它們，他犧牲了所有的自由。為了擁有它們，他必須犧牲天堂的希望以及對天父之愛的記憶。凡是神智清明的人，誰會選擇虛無而放棄一切萬有？（M-13.4）

(20:1) **從此以後，你的練習需要藉助於愛的熱忱來幫你的心靈堅定意向。**

耶穌說得很明白，當我們開始害怕愛的真相時，心思就會不由自主地游離出去。也因此，他常安慰我們：「不必假裝自己心心念念都與上主同在，因為倘若真的如此，表示你根本不需要這部〈練習手冊〉，而且你大概也無法繼續活在這一具身體內，更不會把世界這個屠殺戰場當做自己的家園了。」

(20:2) **不要害怕，也不用膽怯。**

言下之意，不必害怕這部課程以及那位慈愛的導師；不用害怕愛，也不用害怕失去自我，尤其是那令我們活得很苦的自我概念。更重要的是，不要害怕回到天父的身邊，祂始終伸出愛的雙手，迎接那永不可能迷失的聖子安返家園。

(20:3~7) **你必會完成最終的目標，這是毋庸置疑的。上主的牧者絕不可能失敗，因為他光照在所有弟兄身上的愛心、力量與平安，都來自於上主。這一切全是祂賜你的禮物。你只需以不設防來回報祂。你只要放下那根本不存在的障礙，你就會在基督面容看到祂的清白無罪。**

綜結而言，我們的任務不過是放下那形同虛設的防衛措施，選擇基督的大能、純潔無罪以及不設防的心態。唯有如此，生命的結局才會「如上主一般屹立不搖」（T-2.III.3:10）。最後，我引用〈詞彙解析〉的「結語」為這美妙的一課畫上一個美妙的句點。這段話一開始就充滿了安慰及鼓舞之情：

> 可別忘了，這旅程一旦展開，結局就已成定數。一路上，你的疑慮難免此起彼落，周而復始。然而，結局已定。沒有人會完成不了上主指派給他的任務。當你忘卻自己的任務時，請記住，有祂伴你同行，祂的聖言已銘刻在你心上。懷有這希望的人怎麼可能絕望？雖然絕望的幻相仍會不時來襲，但你已學會不受它們

的蒙蔽。每個幻相的背後，就是實相，就是上主。在幻相的盡頭，上主的聖愛只有剎那之隔，你為何還踟躕不前，繼續以幻相取代實相？結局已定，且有上主親自作保。就在一步之遙，至聖聖所為你開啟了那道遠古之門，領你遺世遠颺，還有誰會繼續獃立於了無生機的幻相之前？（C-結語.1）

第一百五十四課

我身在上主的牧者之列

請注意，本課課題的「牧者」（ministers）一詞，在整部《奇蹟課程》極罕使用，只有在前一課和本課才論及了牧者或牧職的概念，而在〈正文〉與〈教師指南〉則根本沒有出現過。不消說，所謂「上主的牧者」，指的就是〈教師指南〉的「上主之師」，他們的任務即是親自領受救贖；就這層意義而言，本課的主旨和〈正文〉的「特殊的任務」（T-25.VI）那一節可說緊密呼應。

(1:1~3) 今天，我們不再傲慢自大，也不必假裝謙虛。我們可以超越這類愚昧之舉了。我們無法評判自己，也無需如此。

耶穌說的「愚昧」就是指小我堅持「自己是對的，上主是錯的」那種傲慢心態。每當我們評判自己時，往往充滿了罪惡感，好似不打自招自己幹盡壞事，是個惡人，自知背叛了上主的愛，毀掉了天堂的一體生命，是個卑鄙的小人……。然而，也只有神智失常之人才會做出這種自我評判。

(1:4) **這些舉動不過有意耽擱我們的決定，延誤我們獻身於自己的任務。**

小我最愛用這類自我評判來離間我們和心靈，令我們渾然不覺心靈所作的決定。而這類評判很快就指向自己的身體，別人的身體當然也會遭池魚之殃。只要著眼於身體，不論給自己負面的評價或自視高人一等，都等於在封殺心靈的存在；一旦意識不到心靈，自然無從改變心中的念頭，那麼寬恕便發生不了轉念的效用。

(1:5~7) **評斷自己的價值，不是我們分內之事；我們也不可能知道，在那更大的計畫中，什麼角色最適合自己，我們該做什麼才對，因為我們無法看清那計畫的全貌。我們的任務已經刻在天上了，而非寫在地獄裡。我們認為的弱點，很可能是長處；我們自以為是的長處，反而可能是傲慢自大。**

這段話和下面的引言，都在述說同一事實：自己的每個評論，其實都沒有可信的憑據：

> ……因你連進步或退步都分辨不清。你曾把自己幾個顯著的進步評為失敗，卻把嚴重的退步視為成功。（T-18.V.1:5~6）

換句話說，我們不可能知道自己正處於人生旅途的哪一階段，更遑論猜出他人正在他旅途中的哪個位置了。我們的評論一向基於極其有限的信息，自己的詮釋更受制於過去的經驗，擺脫不了特殊性的陰影。我們若不明白所有的問題及答案只可能發生於心靈層次，怎麼可能相信一個寬恕便足以療癒**所有的問題**？為此，耶穌才會要求我們停止判斷，因為沒有人能從幻相的角度（例如過去的經驗），而明白真正發生了什麼事，為此，耶穌要我們把判斷交給他處理：

> 你真的認為自己能把真相帶入幻想世界嗎？你可能從這些幻相學到真相的意義嗎？真相一落入幻相，便喪失了意義。真理之思想座標的意義必然離不開真理。你若企圖將真相帶入幻相，表示你存心把幻相弄假成真，幻相便得以假借你對它的信心而理直氣壯地存在下去。（T-17.I.5:1~4）

過去的經驗如何扭曲了自己當前的感受，這一點，我們已經討論過很多次了，相信各位應該記憶猶新。

(2:1) **不論你被指定什麼角色，都是上主的天音為你選定的，祂的使命就是代你發言。**

在解說這段話以前，我要先打住一下，再提醒一次《奇蹟課程》特有的遣詞用字，否則大家很可能引用這段話來助長小我的特殊性，認為上主在祂的計畫中為**我**安排了一個特殊的角色，賦予**我**一個極其重要的任務。這種傲慢心態必然會為我所做的事或所說的話賦予特殊的意義，因為它不可能不和我的身體作為掛勾的。我們如果忘了《奇蹟課程》的形上原則，便很容易斷章取義。為此，我才一再提醒學員，若想學到本課程的精髓，一定要時時刻刻牢記著不二論的形上學，否則我們很容易從字面意思去解讀，而忘了耶穌只能從我們所能了解或接受的那一層次與我們交流。我們若還記得耶穌在上一課把寬恕形容為「快樂的遊戲」，以及「世界徹底虛幻」的道理，自然明白上述這一說法只是一種比擬而已。他在〈詞彙解析〉的導言中也解釋過他不能不這麼說的原因：

> 本課程完全是針對小我的思想架構而寫成的，因為只有小我需要這一課程。它所致力的目標並非超越一切錯誤之上的境界，整部《課程》的設計僅僅是為那境界鋪路而已。因此，它使用文字，而文字只有象徵的功能，無法傳達超越象徵之上的境界。……**本課程十分簡單**。它只有一個任務及一個目標。為此，它才能徹底保持一貫性，因為只有如此它才能一以貫之。（C-in.3:1~3,8~10）

耶穌再三重申寬恕他人的重要性，因為「進入和平方舟的，都是成雙成對的」（T-20.IV.6:5），然而，他說的絕非這一具身體和那一具身體的關係，否則就違背了《奇蹟課程》的基本原則。**耶穌的教誨只有一個目的，即是化解小我「非此即彼」的二元思維**。因為我們已經被小我徹底洗腦：「你若想上天堂，必須有人為你付出代價。」耶穌的說法截然相反：「如果有人得為你付出代價，你是不可能進天堂的，因為那人就是你，只因上主只有一位聖子。」然而，由於我們堅信自己是一具身體，便會從身體的角度來解讀這句課文。也因此，耶穌才幾度澄清，他不能不以這種方式為我們解說，否則他豈非白費唇舌？基於同樣的緣故，我也才會如此反覆重申：這部課程是為了遷就我們根深柢固對身體的認同，而採用了不少「二元性」的論述，因為「合一與一體」這類「非二元」的陳述，在我們心內起不了任何作用：

> 在學習過程中，你難免會把時間與空間當成兩回事；因為只要你還認為自己有一部分能夠獨立自主，合一與一體的觀念便失去了意義。四分五裂的心靈顯然無法充當傳授萬物一體之理的老師。只有心靈內維繫萬物一體的「那一部分」，才堪當心靈的聖師。祂會使用心靈所能了解的語言，利用它自以為面臨的事件。祂必須借用你所有的學習經驗，才能把種種幻相帶到真相之前，領你越過所有錯誤的自我觀念，邁向那超越一切錯誤的真理之境。（T-25.I.7:1~5）

也就是說，當耶穌要我們成為上主的牧者時，他指的不是聖靈指派給我一個**唯獨我**才能完成的神聖任務，而是要我在自己的寬恕功課上多加一把勁。〈教師指南〉也說，每個人所經歷的功課都是量身打造的，故在形式上縱有不同，內涵卻全然一致（M-29.2:6）。既然我們各具不同的身體，出生於不同家庭，接觸到不同的人，故「非具體」的寬恕內涵必須藉由具體的形式入手。我先前在論及「特殊的任務」時已解說過，所謂特殊任務不過是要我們寬恕自己的特殊關係。因此，在操練過程中必須時時謹記於心，耶穌的教誨都指向**內涵**層次，也就是你我共有的同一心靈，不論我們在表面**形式**上多麼不同：

(2:2) 祂為你決定並代你接受任務，因祂看得出你真正的長處，同時深曉它在何處、在何事、對何人，以及何時方能發揮最大的作用。

耶穌在〈正文〉開篇不久便已重申這一觀念。下面的一番話當初是耶穌針對海倫說的，但也適用於我們所有的人。我用自己的話轉述一下：

> 選擇什麼奇蹟不是你的工作，讓我替你選擇吧！你的責任只是接受我的幫助，勿讓小我插手壞了大事，這才是正著。小我一旦退下，剩下的只有我的愛，愛會引導你做出真正利己又利人的事。至於你會受到什麼形式的幫助，就不是你該操心的事了，你只需要將自己的種種幻覺帶入我的真理內，其餘的就交給我吧！

只不過，在經驗層面，我們很容易相信那是耶穌要我做的「特殊任務」。終究而言，只要真正明白奇蹟形上理念的學員，便不會輕易掉入「神聖特殊性」的圈套：相信天堂為我送來一個美妙的天音，傳遞給我一個特殊信息，告訴我此生該做什麼事。比如說，我們的感官之所以會輸送給我這類信息，只因我始終覺得自己很特殊。真相是：天音永遠是抽象且不具體的；它只知道愛。我們的心靈卻下意識地把這「非具體」的愛解讀成自己所能領會的形式，大腦再把這個感受詮釋成耶穌給我們的具體指示。請記住，這種經驗本身無可厚非，只要別誤以為這是《奇蹟課程》的究竟教誨，還據此發展出一套神學來自圓其說即可。耶穌在〈詞彙解析〉中也解釋過，他為何採用人類所能理解的二元形式來描述天人交流的內涵：

> 上主在聖子開口求助之前，早已知道他的需要。祂不在意人們以何種方式求助，祂的旨意只願他們了解祂所給予的內涵。這就夠了。形式會隨著需要而調整，而內涵卻是不變的，就像它的造物主那般永恆不易。（C-3.3:2~5）

簡言之，是我們自己為這個交流提供某種**形式**，而上主的聖愛只在乎**內涵**。

(2:3~4) 祂不會不經你同意去做任何事的。但祂絕不會被你的表相所蒙蔽，祂只聆聽祂在你內的聲音。

聖靈完全不受小我夢境的影響，祂的臨在本身便足以讓我們憶起自己的基督身分，不論我們為自己打造出多麼鄙陋又虛幻的自我形象。

(3:1) 你必須藉助於祂的能力才會聽到祂那唯一的天音，終有一天，你會意識到那其實就是心內的唯一聲音。

我們在此又讀到了指涉一體生命的另一個說法：我們與上主一體不分，基督本身也是一體不分的，我們和聖靈以及所有的人都是同一生命；故分裂和特殊性在此沒有立足之地。但為何我們會感到分裂且特殊呢？只因一體性對小我而言太可怕了。由此可知，我們若聽到兩種聲音，必是出於某種幻覺。試問，根本不存在的生命怎麼可能有自己的聲音？這種事只可能發生於分裂夢境內。而聖靈之聲也只可能來自於夢境之外。

(3:2~3) 你的任務是祂指定的，祂不只託付你這一任務，還會賜你了解它以及實現它的能力；只要是與此有關之事，祂都會幫你圓滿完成。上主與聖子就在執行這一任務中結合了，聖子也因此成了宣揚這一體生命的使者。

聖靈的一體信息反映出來的愛，乃是天堂的唯一信息。然而只要我們仍然相信自己是個個體生命，便只能透過某種具體方式來感受那一體之愛了。請記住，所謂神聖關係並非建立在這個具體的人對那個具體的人做了什麼；那個關係之所以顯得神聖，乃是基於我聆聽了「神聖」而「合一」的天音，也就是一體天音之故。

(4) 天父與聖子透過這一天音合而為一，這一結合使救恩由世界中脫穎而出。與世界反其道而行的天音，向你許諾了它會將

你由一切罪惡中拯救出來，也會為上主所造的無罪心靈清除所有的內疚。唯有如此，心靈才可能再度覺醒於它的造物主，以及祂與自己永遠一體不分的生命。它的意願與上主旨意就這樣在它的自性、也是唯一的實相內合一了。

救恩與世界無關，與我們的特殊個體身分更扯不上關係。救恩，不過意味著心靈終於下定決心抵制小我，選擇與天音結合而已。寬恕也是如此，透過化解具體的錯誤而化解了我們最初想要分裂的那個錯誤選擇。心智一旦恢復了清明而憶起自己的基督身分，自然知道自己和造物主是永遠一體不分的。

(5) 傳遞信息的使者不是書寫信息的人。他不會質問寫信人有什麼權利寫這封信，也不會反問為什麼要傳送給那個人。他只是接下信函，傳遞給指定的收件者，就算完成了他的任務。如果他自行決定信息的內容或傳送的目的，或是該送給何人，他就沒有善盡傳遞聖言的任務。

耶穌明明白白告訴我們，成為上主的牧者或使者就跟人間的信使一樣，無需提問或質疑，只需盡職地將張三的信息傳送給李四。郵差是不會拆開信封去讀信息的，更不會按照自己的意思去改寫信息，否則就表露出一種傲慢，認為自己比信息的作者更了解真相。表面看來，這好像在顯現立場的不同，屬於形式層次，其實真正的關鍵仍在於內涵層次；這就是為什麼我們的任務只是傳遞寬恕的內涵，不必質疑它的神聖來源，因為那不是我們所能理解的。

> 上主的教師們沒有評估自己的禮物會產生什麼效益的任務。他們的任務只是給出禮物，僅此而已。只要他們盡了這一任務，自己便已同時獲益了，因為這也是禮物的目的之一。他若開始操心給予出去的後果如何，他就給不出去了。那對施予本身反而成了一種限制，施者或受者都難以由這禮物受惠。……唯有完全放下自己對這份禮物的操心掛慮，才稱得上是真正的給予。……這也是施者心中的聖靈所要給他的禮物。……那麼，上主之師對自己禮物的效益還有什麼好擔心的？其實，這是真神對真神的餽贈，在這神聖的交易裡，有誰會收到少於一切的禮物？（M-6.3:1~5;4:1,4,11~12）

總之，我們只是上主的郵差，我們的任務只是傳遞祂的信息，切忌自作聰明，節外生枝。

順便提一下，在《奇蹟課程》中，「聖言」一詞通常是指救贖的某個面向，例如寬恕、救恩或聖靈（與神學中的基督論是兩回事）。

接下來，耶穌開始為我們區分人間信差和上主的使者的不同之處。

(6:1~2) **天堂使者的角色與人間的信差之間有一個基本的不同處。他們傳遞信息的首要對象乃是自己。**

我們只須向世界傳遞一個信息，即分裂從未發生過，上主的愛始終如一，絲毫不受小我思想體系的侵擾。然而，我若要傳遞這個信息，自己必須先接受這一信息才行。請記住，我們談的是內涵層次，而非外在形式；不論這個信息多麼美好，它要傳達的愛不能仰賴文字本身而是透過傳遞者心中的愛來傳出的。話說回來，尚未接受救贖的人，心中很難有愛。為此之故，我若真想為世界服務，我該操心的不是世界，或我該幫助誰才對；我唯一需要操心的是我該如何讓自己成長。也就是說，我必須承認自己的想法有誤，相信耶穌才有正確的答案，故務必請他修正自己的妄念或錯誤知見。只要小我不再從中作梗，耶穌的愛必會從我心中流出，那麼不論我說什麼或做什麼，自然都會洋溢著愛。

總之，我們的職責不過是甘心放下那始終在內心作祟的特殊性，這才是最大的挑戰。為此，若想成為上主牧者、上主之師或奇蹟志工，最基本的前提即是親自領受救贖。唯有打從心底否定罪咎的存在，天堂的光明，也就是救贖的信息方能越過小我的黑暗，透過我們的臨在而傳佈出去，無遠弗屆。

(6:3~4) **唯有自己先接納這些信息，他們才能傳遞信息，將它送到指定之處。那些信息並非出自他們之手，這與人間信差一樣；不過，他們的的確確是第一個收信人，而收信的目的只是準備再傳出去而已。**

凡是真心想成為耶穌在人間的使者之人，必須先接受耶穌給自己的愛。若真想享有此愛，還得隨時覺察心內暗中對愛的**排斥**，因為真愛必會威脅到我的特殊性和個體性。正因如此，耶穌才會語重心長地說出下面這一段話，要我們對他有信心，忠誠地實踐他的教誨。

> 請勿向人宣揚我無謂的死亡。而應教他們看出我並沒有死，我正活在你內。（T-11.VI.7:3~4）

(7) 人間的信差只要送出所有的信息，就算完成了任務。上主的使者卻必須先親自接納祂的信息，然後給予出去，這才表示他們真正了解這一信息而完成了使命。他們只會扮演祂所指派的角色。如此，他們才能從給出去的每一個信息中獲益。

我們又看到了《奇蹟課程》的另一核心觀念了：**施與受是同一回事**。我若真想收到上主的愛，就必須給出這個愛；我若想知道自己已經被寬恕了，就必得先寬恕他人才行。唯有如此，才顯示自己確實明白了：我們全都活在同一需求與同一目的之下。無論我們表面上多麼不同，宗教信仰或靈修道路也南轅北轍，但我們只有同一個人生功課，即是從小我夢中醒來而回歸天鄉。這是我自己需要先領受的唯一信息，也是我能送給世界的唯一信息：

> 任何人只要決心成為上主之師，他就是。他只需具備一項資格，就是：他在某時某地，以某種形式下定決心，要把別人的福祉與自己的福祉視為同一回事。

心定志堅之後，他的道路便已開啟，他的前程萬無一失。……他已成為傳遞救恩的使者。他已成了一位上主之師。（M-1.1:1~3,7~8）

換句話說，我教人什麼，自己就會學到什麼；我學到什麼，就會教人什麼。這就是聖靈給我們的救恩計畫。

在教與學的場景下，雙方都會學到「施與受原是同一回事」。……凡是有意學習同一課程的人，自然享有同一志趣與目標。於是，原本身為學生的，搖身一變，成了一位上主之師，只因他所作的那個決定為自己請來了老師。他已能在另一個人身上看到與他自己相同的意向了。（M-2.5:5,7~9）

我們領受到什麼，便會帶給世界什麼；在這原則下，內心暗藏的個別利益之念逐漸消融於福祉共享的光明之中，分裂之境便如此悄悄地讓位給一體之境了。

(8) **你願接收上主的信息嗎？唯有如此，你才能成為祂的使者。此刻，你已接受了任命。但你卻遲遲未將所接收到的信息傳給別人。這表示你還不明白這些信息，不知道它們是給你的。除非你將它給出去，才表示你已收到而且了解這一信息。因為只有在給出之際，自己才真正領受到所接收的信息。**

我們若想傳播這部寬恕的課程，自己必須先學會寬恕才行，故說：「但你卻遲遲未將所接收到的信息傳給別人。這表示你還不明白這些信息，不知道它們是給你的。」傳授《奇蹟課程》不是誇誇其談它的形上理論，或摩頂放踵四處傳道，而是打從心底向世界說出：「你的罪已被寬恕，因你和我原是同一個生命。」這才算是在「教」《奇蹟課程》。但除非我們能夠為人活出「不再判斷」的榜樣，否則寬恕的信息只會淪為一種空話。至此，我們進入了《奇蹟課程》另一重要觀念：放下判斷。若要放下判斷，必須先與聖靈建立關係才行；因為我們必須先與夢境之外的聖愛之念結合，才可能透視夢境內的虛幻而不受它所苦。那時，我們便會憶起自己的自性，那時，我們便會明白，愛不僅僅已經平白地送給我們，而且也被全面接受了。耶穌就是根據這一原理為「慷慨」下了定義：

> 慷慨一詞對上主之師具有特殊的意義。它與世俗所認定的內涵截然不同；……對世俗中人，慷慨意味著「給出去」，充滿了放棄的味道。對上主之師，它的意義則是「給出才會擁有」。……上主之師的慷慨實際上是為了自性的益處。而不是為了世人眼中自我的利益。上主之師不會想要無法與人分享的東西，因為他明白，無法分享之物對他毫無價值。……他只想要上主擁有的那一切；不只是為他自己，也為了祂的聖子。那才是真正屬於他的東西。也只有這個，他才能真正慷慨地給出去，同時也永遠為自己保存下來了。（M-4.VII.1:1~2,4~5;2:1~3,10~12）

(9) 如今，身為上主使者的你，接下祂的信息吧！因為那是上天指派給你的任務。上主不會不供應你的一切所需，你也不會接收不到的。然而，你必須先完成你那一部分的任務才行。代你接收上主信息的那一位，願你也能收下這些信息。這樣，你才算與祂認同而且領回你原有的一切了。

也就是說，我們已經跟耶穌走到這個階段，也和不少人分享過這套理念，甚至可能影響了許多人，但是我們尚未完成耶穌指定的任務，故說：「你必須先完成你那一部分的任務才行。」表示我們還有不少功課有待學習，比方說，對小我（尤其是它的特殊性）保持儆醒，效法耶穌的寬恕眼光，溫柔地看待小我。如此，才可能不再判斷他人或自己了。

耶穌在〈正文〉「教誨的回報」那一節中有兩段話與上述觀念極為相近。當初那些話其實是對海倫說的。海倫是位非常稱職的老師和治療師，也是一位講義氣的朋友，她的心理輔導幫助了不少人。然而，根據外在跡象來看，她本人好似沒有從自己教導別人的或是從她代為發聲的耶穌那兒學到任何東西。有一回，在她的一個非正式諮商中，我陪坐一旁，會後，我問她：「你有沒有聽見自己所說的話？」我知道她沒有，她從來不聽自己說了什麼，我當時給她的回應大致是：「你如果接受自己給別人的建議，你會活得快樂多了。」下面這兩段話就是耶穌給海倫的勸告，顯然也是對我們說的：

也許你已經懂得如何教人了，但卻未必明白如何領受教誨帶給人的溫暖慰藉。你只要反省一下自己所教的內容，與你自以為知道的一切相去何其遙遠，你便不能不承認，你內的那位「聖師」絕對超越你的思想體系之上。……因為祂所教你的以及你透過祂而教人的，和你在祂來臨前所教人的那一套，確實有如天壤之別。正因如此，才能把平安帶到哀傷之地，讓喜悅驅逐人間的痛苦，且取而代之。

你也許教導過自由的道理，自己卻尚未學會如何活得自由。……除非你真正相信自由，否則你無法教人自由。你所教的一切，必須出自你內。然而，你對自己的自性分明一無所知，即使它仍在不停的運作，你卻認不出來。只要是在運作之物，必然存在。……這部課程旨在教你明白自己的真相。你其實一直都在告訴別人你的真相，卻不讓自己的真相來教你。……你所教的那一切必然出自你內。（T-16.III.1:2~3,6~7;2:1;3:4~7;4:1~2,4）

(10:1~2) **我們今天所要體認的就是這種合一境界。我們的心靈不再企圖逃避那為我們發言的天音，因為當我們聆聽祂時，所聽到的其實是自己的心聲。**

「自己的心聲」，指的當然不是出於攻擊、特殊性或「非此即彼」的小我之音，而是誓不與小我妥協並且永存於正念心境的聖靈之音。這就是我們今天要體驗的合一之聲，它只會為

寬恕及療癒發聲，不斷重申「救恩原是一趟聯袂探險的旅程」的救贖原則。（T-4.VI.8:2）

(10:3) 只有祂能夠向我們發言，同時為我們發言，於是，上主聖言的「領受與施予」以及上主旨意的「施予與領受」就在這天音內合一了。

「領受與施予」，或說「施予與領受」全是同一回事，正如天音也只有一個聲音。在我心內發聲的天音，和你內的天音都是同一個聲音。只因人心內根深柢固的分裂與分別信念，才讓我們聽到不同的天音，賦予不同的名字：耶穌、聖靈、佛陀、上主等等。說到底，他們全是同一個慈悲與智慧之聲，是我們將他們奉為不同的神靈，還有優劣高低之分，彷彿各展神通的樣子。其實，這全是分裂夢境的把戲。終究說來，只有一個天音，因為只有一個真理；天助的形式可以多樣，但天助只有一個：

> 上天賜你的神聖助手，外形有所不同，但在祭壇上，他們其實都是同一個。每一位神聖助手都出自上主的一個聖念，這是永恆不變的。他們的名字會因時因地而有所不同；時間本身既非真實之境，故需要藉助於有形的象徵。他們的名字雖然眾多，我們在此只談本課程所涉及的名字。上主本身是不會插手相助的，因為祂知道無此需要。但祂為那些仍把幻境當真的聖子造出形形色色的神聖助手。為他們而感謝上主吧！因

為他們乃是領你回家之人。（C-5.1:3~9）

(11:1) **讓我們練習獻上祂真正想要的東西，我們才會認出祂賜給我們的禮物。**

《奇蹟課程》描述寬恕帶給我們的禮物，例子多到不勝枚舉。寬恕的禮物是給我們送人的，送的對象有所不同，多半是弟兄，此處則是聖靈。確實，藉著給出寬恕而領受寬恕，這一原則堪稱為《奇蹟課程》的獨家秘傳。我只從〈正文〉「平安的障礙」那一節論及「對上主的恐懼」，節錄一段頗具有代表性的，描述如下：

> 看哪！你的道友基督就站在你身邊。祂是何等神聖美麗！你視祂為有罪之身，只因你替祂罩上的罪之面紗，遮蔽了祂美好的面容。然而，祂依然向你伸出寬恕之手，與你分享祂的神聖生命。……他是你的弟兄，被罪釘上了十字架，等待著從痛苦中脫身。既然唯有他才能帶給你寬恕，你難道還不願獻給他你的寬恕？為了他自己的救贖，他不能不給你原屬於你的救贖，這與上主創造一切生靈之後不可能不愛之護之，是同樣的道理。他給你的救贖最為真實，因為他不只給出也同時領受到了。天堂每一個恩典都等著你獻給自己的弟兄，再由那神聖道友的手中接收回來。不要讓自己的救贖被扣在弟兄那兒，因為你的接受正是你給他的禮物。你從他那兒領受了什麼，他

便會由你這兒領受到什麼。上天賜你救贖就是為了讓你分給弟兄，再由他那兒領回的。受你寬恕的人已經自由了；你給出什麼，自己便享有什麼。（T-19.IV.四.14:1~4;15:1~9）

接下來的這一段話，生動地刻畫了聖靈需要我們這群夢中人來傳遞祂在夢境外送來的信息。〈正文〉另有許多類似的描述，出現於不同的主題中，請參閱《奇蹟課程詞彙索引》。

(11:2~5) **祂需要藉用我們的聲音，才能透過我們發言。祂需要我們的雙手承載祂的信息，帶給祂所指定的人。祂需要我們的雙腳把我們帶到祂願我們去的地方，使那些在苦難中等待的人終於有了解脫的希望。祂需要我們的意願與祂的旨意結合，如此我們才算真正接收到祂的禮物了。**

上述的「聲音、雙手、雙腳」，都是身體的一部分；而身體在我們心目中既然成了「攻擊」的象徵，唯有交給聖靈使用，方能發揮另一種功能。說到究竟，身體本身什麼也不是，談不上神聖或邪惡；世界亦然，它雖是為了攻擊上主而造，仍能充當一所人生教室，藉以看清自己對上主的攻擊並沒有構成任何後遺症。至於身體本來也是企圖為愛設限而造出的（T-18.VIII.1:2），目的是要證明特殊之愛遠比上主之愛更為真實而有用；如今，身體終於能夠傳遞不同的信息了。我一再提醒，這和我們外在的表現如何沒有關係，不過是反映出我們終於選擇了新老師，如此而已。縱然我們選擇的是耶穌「非具體」的愛，但這個「非具體」的愛會透過我們的身體而呈現得非常具體。

愛是無聲的，它沒有自己的聲音，而這無聲之愛卻能透過正念之心來傳遍人間。以《奇蹟課程》為例，海倫內心聆聽到的雖是純然抽象的愛之聖念，仍是需要藉由海倫用手筆錄下來。同樣的，耶穌需要我們將他的愛具體呈現於人間，不是因為世界真的存在，而是因為我們需要他所象徵的愛來修正小我所象徵的恨，僅此而已。這一主題等到第一百八十四課會再深入解說。

(12:1) **今天，我們就練習這一課：唯有給出去，我們才會認出自己接到的禮物究竟是什麼。**

如果我們真想得到《奇蹟課程》的真傳，切身領受耶穌的愛，悟出自己和上主是同一生命，首要之務，即是捨得放下根深柢固的「**非此即彼**」之觀念。我們若想領受「**施與受是同一回事**，人間沒有輸贏」這一真理，就應隨時警覺，今天我有多少決定是在「**非此即彼**」的前提下作出來的，才不至於落入第四條無明法則的陷阱（T-23.II.9~11）。每當我們在為自己的判斷辯護，想證明自己的特殊價值時，表示我們已經落入小我思想體系了。也就是說，我們若真心想在現實生活中活出今天的觀念，不只應誠實地承認自己其實**並不想**操練今天的功課，還得看清自己這一生為小我「**非此即彼**」之原則付出多少慘痛的代價——它不只奪走我內在的平安，還帶給所有追隨小我的人極大的痛苦。因此，放棄「**非此即彼**」的小我信念，重新選擇「施與受是同一回事」的聖靈教誨，就此決定了我此生的幸福與否。

(12:2~3) **這個道理，我以不同的方式說過幾百次，你也聽過幾百次了，然而，你的信心仍然不足。我敢保證，即使你接受了上千個、上萬個奇蹟，除非你真心相信，否則你不會知道上主賜你的禮物沒有一樣不是你早已擁有的，祂也從未撤回祂對聖子的一切祝福。**

除非我們先在夢境中活出愛的倒影，才可能體驗到上主永恆不渝的愛，故它的先決條件即是不讓小我的陰影從中作梗，因為這些陰影全來自罪咎之念，奉行「**非此即彼**」的原則，在現實人生中，繼續上演「必須有人為我的存在之罪而付出代價」的戲碼。容我再說一次，我們必須意識到自己為這套思想體系付出的慘痛代價，令我們遺忘了上主賜予的真實生命，那不只是我們「本有」而且「本是」的生命，也是我們和所有弟兄共同的生命真相。

> 只有你才能給出生命的禮物，因為那是上天給你的禮物。你若不給出去，就無法意識到這禮物的存在。……為此之故，你若不將自己的「所有」與「所是」的生命之禮推恩於人，你便無法知道自己的實存真相。……向永生上主的兒女致敬吧！且為自己身為其中一份子而感到與有榮焉。

上主不只將聖子造成可尊可敬的造化，還親自向他致敬，因此只有「尊敬」才配獻給聖子。如上主那般賞識他們吧！因為他們是上主衷心喜悅的兒女。你無法自外於他們，因為你無法自外於上主。安息在上主的愛內吧！只有活在愛中才能常享安息。去愛上主所有的造化吧！你也是其中一份子，否則你就無法學到祂的平安，也不能親自領受祂賜你的禮物，那禮物其實就是你自己。在你懂得向所有與你相似的受造物致敬以前，你是難以知道自己的完美真相的。（T-7.VII.5:1~2,4,8;6）

(12:4~13:2) **除非你與祂以及聖子認同，否則這一切對你也不會有任何意義的。**

我們今天的課程可以一言以蔽之：

我身在上主的牧者之列，且由衷感恩得此妙法，

認出自己原是自由之身。

所謂的「妙法」，就是跨越我的特殊關係來領受一體生命。如今我懂得如何求助了，不再限制耶穌如何助我一臂之力，我只需和他一起正視自己割捨不下的特殊性，他的愛必會指點迷津，教我不再把別人視為陌路，學習透過對方的血肉之軀，看到上主之子共有的一體生命；不只在人間，連在天堂上，我們都是同一個生命。

(14) **只要我們一照亮自己的心，明白上述神聖語句的真義，世**

界便從此隱退。這就是造物主今天所傳給我們的信息。今天我們要向世界顯示這信息如何改變了我們對自己以及所負任務的看法。當我們證明了我們所接受的旨意沒有一樣不是自己的意願，造物主所給我們的無盡恩惠就會湧現於眼前，甚至跳到我們的手中，讓我們認清自己所接受到的禮物。

本課延續了前一課的思想，到了最後這一段，顯然也在為下一課鋪路。它美妙地總結出《奇蹟課程》的中心思想——我們需要示範給弟兄看：小我對上主之子一無所能，以及上主賜予聖子的平安與愛永恆不渝。

> 你的任務非常簡單。我只要求你成為一個活生生的示範：你並不是一個小我……（T-4.VI.6:2~3）

> 你若能以接受真相作為自己所有關係的目標，你便能如天父賜你平安那般將平安賜給所有的人。……你的目標從來沒有改變過，而且永不改變，因你所接受之物是千古不易的。只要是與這千古不易相關之物，你再也不會抵制它了。你的解脫乃是定數。把你領受的天恩給出去吧！親身向人示範，你已不受任何事件或處境的牽絆，因你已答覆了上主的呼喚，沒有一事能將你和祂分開了。（T-17.VIII.6:1,3~7）

為此之故，當我們經由寬恕而領會到小我之願非我所願時，上主的恩典便會浮上心頭，感恩之歌自然從心中湧現。

《天恩詩集》有一首詩，耶穌用自己的口吻為我們譜出的〈感恩之歌〉（*The Gifts of God*）：

天父，感謝祢這珍貴的禮物，
我們只能「一起」尋回，
「一起」重獲救贖。
唯有如此，我們才有合一的可能；
也唯獨由此，我們方能來到祢這兒，
認出祢所賜的生命禮物，
不再覬覦世間任何一物。

從此，只要有人向我伸手，
都能從我手心領到祢的禮物。
當我和祢一起回顧過去的荒唐獻儀，
在那兒，
看到的竟是絢爛的天恩，
縈繞我的額頭，有如冠冕。
恐懼的獻禮、死亡的噩夢，終已過去，
我們除了感恩，
仍是感恩，阿們！

——《天恩詩集 / 暫譯》P.119

第一百五十五課

我要退讓下來，讓祂指引前程

本課繼續發揮前一課「上主牧者」或「上主之師」的概念。其實不只是這兩課，耶穌在隨後的幾課還進一步為我們解說了：**資深的**上主之師活在這個世界上，究竟意味著什麼。他在〈教師指南〉將上主之師分成三類，一是基礎班的上主之師，是指準備好接受奇蹟教誨的人，包括我們所有人在內。第二類：則指唯有完成全部的人生功課，稱為**資深上主之師**。雖然這個稱謂出現的次數不多，我們不難從耶穌的描述中猜出他常常說的正是這一類人，因為他們具備了〈教師指南〉列出的「上主之師的人格特質」（M-4）；這一類人也包括了最近幾課所提到的「在奇蹟路上走得相當久的學員」。至於第三類上主之師，即是「眾師之聖師」（M-26.2:2），是指耶穌這類已進入真實世界者，不過，那不是我們目前所該操心「是否能企及」之事。本課之所以如此重要，因它點出了耶穌最終要將我們帶往何處。他並不要求我們在生活或行為上作何改變，反之，上主之師外表上和所有人一樣，只是，別人仍能感受到他們有所不同，那種平安、寧靜、喜悅，只可能出自一顆平安而喜悅的心。

(1:1) **有一種方式能幫你活在狀似此世又非此世的世界。**

資深上主之師雖然還沒有完全領受救贖，但已經明白自己並非真的活在人間，知道世界只是一場夢，夢中經歷到的一切都只是幻影而已。從外表看來，資深的上主之師**好似**活在人間，其實他們早已置身於夢境之外。我們大概都還記得〈正文〉的這一段話：

> 如果你認清了這世界只是一個錯覺妄想，你會如何？如果你終於了解這世界是你自己一手打造的，你會如何？如果你真正明白了，在世上來來去去的那些會犯罪、死亡、攻擊、謀害，最後一死了之的芸芸眾生，都不是真的，你又將如何？你若接受這一事實，還會相信眼前所見的一切嗎？你真想看到這種世界嗎？（T-20.VIII.7:3~7）

(1:2~4) **你不必改變外在的生活形態，只是臉上更常掛著微笑。你的面容安詳，眼神寧靜。與你同道的人間過客都會認出你是自家人。**

顯然的，耶穌並不是指行為上的改變，而是內心的轉變。

他們之所以能夠常掛微笑，只因心內了了分明，世界純然是一個大幻覺，故不會對世間的一切過於當真。他們知道，唯一值得重視的唯有上主，其餘的一切不過是企圖遮掩實相的幻相而已。這一覺知，便足以讓上主之師安心活在人間，不受外境左右。而那些具備了同一領悟的人，自然會認出自己的同道。

(1:5) **至於那些尚未找到人生方向的人，他們也會認出以前的你，並相信你和他們沒有兩樣。**

尚未達此境界之人，也會認出你是他們的一份子，他們會感到「以前的你」跟他們是同類人，因為他們心目中仍把自己視為不同的個體。這就是《奇蹟課程》「投射形成知見」的道理，我們心中把什麼當真，外境便會顯得真實無比。等到小我的面紗從心中脫落，耶穌的愛開始在自己心內發光，我們便會看到同樣的愛在他人心中熠熠生輝。

我們真的無需介意外在形象，而設法讓自己顯得更有靈性一點，也不必裝出一副奇蹟學員的架式，反而應把心力放在撤換老師上面。當我們跟隨耶穌的腳步，他的平安自然會讓我們綻放出溫煦的笑容。

(2:1~2) **世界只是一個幻相。決定來此之人，就是為了尋找一個能讓自己活出幻相的地方，以逃避自己的實相。**

這是本課程最核心的形上理念之一，故一再反覆出現於全書中：凡是投胎於人間的，無一不是為了逃離那永存於心靈內的愛，才會打造一個獨立之我，作為自己的存在現實。也因此，世界成了最大的幫兇，不只覆蓋了我們心靈的真相，而且鞏固了「我是身體」那個幻覺。

(2:3) 然而，他們一旦發現自己竟能在此地找到實相，便會自動退讓下來，接受它的指引。

實相在世上沒有立足之地，它只可能存在心靈內。終有一天我們會明白，不論外在發生了什麼事情，愛永存於心靈內；那時我們才會甘心放棄幻相而迎向真相。在本課裡，耶穌不斷向人心內的抉擇者喊話，要我們承認錯誤，教我們如何抵制小我而選擇聖靈。唯有如此，才表示我們真的願意把幻覺帶到真相內，而不再把真相引入幻覺裡。現在，我們馬上就要進入這一主題了。

(2:4~6) 除此之外，他們還有什麼更好的選擇？只有瘋狂的人才會讓幻相引導真相。神智清明的人必會讓幻相退居真相之後，讓真理呈現其真實的面目。

耶穌明白點出，人間其實並沒有真正的選擇。因為人間的選擇不是瘋狂就是虛妄，我們唯一的選擇就是恢復清明。他好似如此提醒我們：「你放棄我而選擇小我，可說是最笨的選擇了，因為你的小我純粹是個錯誤，它不可能帶給你幸福的；反之，只有我能讓你感到幸福，因為我的教誨才是正確的。」不論世界怎麼努力將我們領向歧途，身體的需求又如此緊迫盯人，但我們永遠都有機會作出這一選擇的。〈正文〉結尾有一段話呼應了這一觀點：耶穌敦促我們放下陰暗的特殊性和罪的觀念，讓基督的光明真理伴我們同行。唯有如此，特殊性的瘋狂幻相才會讓位給寬恕的清明真相。

> 讓自己安靜片刻吧！忘卻過去學來的一切想法，放下自己營造的所有形相，來吧！舊有的一切自會讓位給新的，無需你去推翻或擁護。……寬恕弟兄所有的表相吧！它們不過代表了你不斷提醒自己罪孽深重的那一古老課題。……你們只願一起前進，而非踽踽獨行。……你始終有一位聖者在前為你高舉明燈，讓你每一步走得安穩，對自己的道路充滿信心。你若蒙上自己的眼睛，最多只會遮住你的視線，卻無法把道路變得黑暗。與你同行的「那一位」始終充滿了光明。（T-31.II.8:1~3;9:1,6;11:7~9）

(3:1~2) **我們今天就要作這簡單的選擇。至於那些決定來到此世卻無緣發現自己作了錯誤選擇之人，那些瘋狂的幻相必然歷歷在目。**

耶穌要我們明白，寬恕需要一段過程，它不是彈指之間即可完成的事，它得經過「小我主導一切，聖靈形同虛設」的階段，逐漸提升到「小我愈來愈不足以置信，開始重視聖靈的教誨」的階段。當我們讀到「世界只是一個幻相」這些話語時，世界並不會瞬間消失於眼前，唯有一步一腳印地和耶穌走上平坦的寬恕之路，這個真理才會落實於自己的現實生活。

(3:3~4) 他們無法直接由真理受教，因為他們已經否定了真相。因此，他們需要一位「聖師」，祂既能看出他們瘋狂的一面，又能超越這一幻相而認出他們內在的單純真相。

這兒又揭示了《奇蹟課程》另一個重要觀點：世上沒有真理，因為世界原是為了隱藏真相而打造出來的。雖說如此，我們仍可強化自己的覺知力，意識到真理映在人間的倒影，而寬恕正是它的不二法門。耶穌秉持這個精神繼續開導我們：「我並沒有要你放棄與身體認同，我只想幫你意識到身體充其量只是一個象徵（不是痛苦就是快感，不是詛咒就是救恩），你用不著這麼看重它就好了。」為此，他召喚我們，代表他在虛幻世界活出他所反映的真理。〈教師指南〉有這麼一段話：

> 你必須使用人們能懂的語言，受苦的人才會聽到你的聲音。但你必須先搞清楚究竟是什麼有待解脫，才堪當人間的救主。（M-26.4:3~4）

耶穌最大的願望即是幫助他的學生邊教邊學，充當聖靈在世的化身，一如耶穌當年一般（C-6.5:1~2）。上主牧者的心靈愈貼近真理，對瘋狂世界的眾生示範的效果便愈強，讓他們感受到自己確實還有其他的選擇。這群上主的牧者經過良師調教，愈來愈能看見弟兄的真相，而不受他們的幻相所蒙蔽。

耶穌在下一段描述了活在人間的三種形式，讓我們先概述一下，再進入課文：

第一種方式是把世界和肉體視為一種邪惡，使得性和金錢都成了罪惡之事，把人間所有的欲樂視為誘惑。這類觀點必會滋長犧牲觀念和禁欲主義，這在傳統靈修和各大宗教中屢見不鮮。要知道，小我當初就是為了體驗人間苦樂而打造出身體的，如今把打壓邪惡的肉體列為回歸上主的先決條件，必然會引發小我的犧牲感，激起內心的怨恨。如此一來。不僅會把有罪之身看得無比嚴重，連同分裂之罪也一併變成不可否認的現實。要人放棄身體的快感只會弄巧成拙，助長心靈根深柢固的有罪之念，這個罪惡感必會另找宣洩的出口，把戰場轉移到身體上頭。

第二種方式則導向另一極端，即自由縱欲主義，把世界視為樂園，是幸福快樂的源泉。然而信奉此說的人，無可避免地掉入剝削之感，因為世界所給的快樂永遠不靠譜，與自己的期待落差甚大。舉個最簡單的例子，如果陽光明媚的日子會讓你心情愉快，那麼，陰冷的天氣便會令你感到失落，認為老天好似剝奪了今天快樂的權利。為此，你若如此看重世界，認為它會帶給你快樂或救恩，等於為自己挖了一個註定求而不得的坑。反之，你若把世界視如蛇蠍，避之猶恐不及，你又為自己挖了一個註定要犧牲的坑，因為我們終會發現，無人逃離得了人間苦海，幸福乃是註定會落空的夢想。總之，不論我們在人間是享受福樂，或受盡煎熬，其實都是在縱容罪的信念，把它隱藏或投射到苦樂幻相之下，讓自己顯得更加渺小無助。耶穌曾在〈正文〉「平安的障礙」那一節說過這麼一段話：

> 只要你還相信身體能滿足你的需求，身體便會淪為罪的象徵。只要你還相信肉體能帶給你快樂，你就會相信它也能帶給你痛苦。你若認為這卑微之物能讓你心滿意足，你其實是在貶低自己，也傷害了自己，限制了你本該擁有的幸福；因那等於是向痛苦求援，來填塞你那貧乏的倉儲，彌補你生命的殘缺。（T-19.IV.一.17:10~12）

更糟的是，我們若把身體視為享樂或受苦的對象，拼命在苦與樂之間分別取捨，大作文章，反倒中了小我之計。如此一來，不只強化了我們的個體感，這個個體還是一具脆弱的血肉之軀，於是身體的「感覺」，不論是正面或是負面的，都顯得無比真實，令我們再也無法正視身體的虛幻性了。

> 你若想從身體尋求快樂，所找到的必是痛苦。了解兩者的連帶關係是你學習的關鍵，因為小我一向以此來證明你是有罪的。……你與身體認同的必然結果，純粹咎由自取。……身體對你為什麼會有那麼大的意義？其實身體是由許多平凡無奇的元素構成的，這是眾所周知的事。它不會感覺，這也是千真萬確的，它只能傳遞你自己想要的感覺。……訊息所引發的感受都是寄件人與收件人自己賦予的。……

> 別再聽信小我那套瘋狂的說辭了，那絕非事實，切莫當真。不要忘了，小我已經獻出身體為罪效命，而且下定決心，勢在必成。追隨它的門徒只好繼續哀聲歌頌身體，枕戈待旦地慶祝小我的統治。（T-19.IV.二.12:1~2,4;14:1~4,7;16:1~3）

耶穌所給的**第三種**選擇，屬於溫和的中間路線，希臘的賢哲亦有類似的學說，然而，兩者最大的不同在於耶穌跳脫了行為層次，他要改善的是我們的心態，別再把身體或世界看得如此嚴重。我們的身體最多只能算是供我們學習的教室，唯一需要嚴陣以待的問題是，我在教室裡學到的功課是否能引領我回到上主那裡？身體本身沒有善惡好壞之分，它的存在價值端賴心靈賦予它什麼目的而定：

> 身體既不能給你平安，也無法使你混亂；身體不能給你喜樂，也不會令你痛苦。它只是一種工具，而非目的。它本身毫無目的可言，只能接受心靈賦予的目標。你指派身體去完成什麼目標，它就會變成那類工具。只有心靈才能賦予目標，也只有心靈才知道如何幫身體達成目標，且恰如其分地發揮大用。（T-19.IV.二.10:4~8）

現在，我們可以進入耶穌所說三種選擇的課文了。

(4:1) **真理若命令他們放棄這個世界，他們會感到真理在要求**

他們犧牲某個真實的寶貝。

如前所說，**第一種**選擇即是許多宗教鼓吹的苦修之路：上主要你學習犧牲，真愛上主之人必須放棄世俗欲樂的誘惑，死後才會獲得天堂的賞報。耶穌在下文針對「與罪惡奮戰」的禁欲主義作了一番評論。他秉持一貫作風，既非口誅筆伐，也不批判或否定，只是指出那是一條「非常」漫長的路，因為這種修持會把錯誤變得更加真實。換句話說，與罪奮戰，只會讓小我的妄心愈戰愈勇，直到有一天，我們的目光終於能從可恨又可鄙的身體轉向心靈為止。相較之下，寬恕法門更為直截了當，它能為我們節省時間，在夢境中少受一點苦。請看下面這段引言，那正是耶穌當年給海倫的勸告：

> 許多人耗盡畢生之力準備自己，這倒也會有一時的成就；本課程所要教你的，未必超過他們經年累月修出的境界，然而我們只有一個目的，就是為你節省時間。此刻你也許很想嘗試其他漫長的修行之路，達成你想要的某個目的。但你要知道，與罪惡奮戰是很難獲得救贖的。要把自己所痛恨及藐視的身體變得神聖，那得投入多大的精力？你若真心想要放下身體，未必需要長年的冥想靜坐。雖然那樣鍥而不捨的努力，仍會有成功之日。但那些法門往往極其繁瑣複雜，費心又耗時，因為它們全都讓人把當下的自己看得一無是處，而把解脫寄望於未來。（T-18.VII.4:4~11）

(4:2) **不少決心放棄世界的人，仍相信世界的真實性。**

我在前面已經解說過，你若努力捨棄某個東西，表示它在你心目中的分量一定非比尋常，否則你何須放棄得煞有其事？不幸的是，不少奇蹟學員落入這一陷阱，認為享受世間的欲樂有違《奇蹟課程》的教誨。我們不妨這麼說，他們忘了如何活得像個正常人一樣。要知道，耶穌並沒有要我們捨棄世界，他只希望世界以及世上一切利益在我們的心目中愈來愈無足輕重，如此就夠了。我們真的無需刻意放棄什麼，只要放得下小我，人間的苦樂就不算什麼了。下面這一段勸導，我們大概記憶猶新：

> 放下這個世界吧！這稱不上犧牲。因你從未真心想得到它。你從世上努力追求來的幸福，哪一樣不曾帶給你痛苦？你可曾享受過片刻的滿足而無需付出可怕又痛苦的代價？然而，喜悅原本是無價的，那本是你神聖的權利；凡是必須付出代價之物，不可能是真正的幸福。誠實以對吧！如此，你才會加快腳步，不再被過去蒙騙。過去那些經驗只會繼續向你索取苛刻的代價，使你活得了無生趣。（T-30.V.9:4~12）

話說回來，相信自己是一具身體，同時又鄙視自己身體的人，就得付出可怕的代價了。

(4:3) **他們深受失落之苦，因此並未真正解脫。**

這句話呼應了〈正文〉所說的：「我要召請的是教師，而非殉道烈士。」（T-6.I.16:3）殉道者必須有所犧牲，而烈士的最大犧牲莫過犧牲自己的生命了。耶穌向我們揭露了「為更高的目的而犧牲」下面的小我動機：「你看！我無辜地受苦受難，甚至不惜一死，證明你這加害者確實罪孽深重，應受上天的懲罰，那樣，我便能從上主的復仇火焰中脫身了。」耶穌就這樣駁倒了基督教的殉道神學：

> 擺脫罪罰或天譴的命運是世人共同的需求。雖然他們未必認出這一共同需求。每一個人都很容易這麼以為，一旦他善盡了自己的分內之責，世界的詛咒反而會落在他頭上。而這就是他誤以為上天要他拯救世界的任務。但報應總該有個對象，否則，報復者手中的利刃就會指向自己。如果他想要成為無辜的受害者，就必須看到那利刃是握在別人手中才行。如此，他才可以成為別人的刀下冤魂。（T-27.VII.4:2~9）

我們還會不斷回到「投射的恨」這一觀念，因它一語刺進小我「**非此即彼**」思想體系的核心，而這正是世界出現的目的——只要我甘心忍受眼前的苦，對方便會為此承受地獄的懲罰，永不得翻身；只要有人為我的「罪」付出代價，我就不必承受「咎」的煎熬了。

接下來，我們進入小我的另一方案：**自由主義**，或說縱欲主義：

(4:4) **其餘仍執迷此世的人，所感受到的失落之苦更深，只是仍不自覺而已。**

為什麼說「感受到的失落之苦更深，只是仍不自覺而已」？因為他們自絕於上主的愛！他們毫不覺察自己追求幸福、救恩與愛之際，卻仍然將心力投注於世界和身體上；如此，等於自絕於心靈，而心靈卻是聖靈永在之處，也是幸福、救恩和真愛之所在。下面這一段論述更是一針見血：

> 你的目標若是以身體為主要的受益人，你其實是在置自己於死地。因你相信自己會受匱乏之苦，而匱乏與死亡無異。犧牲等於放棄，表示你不再擁有，必須忍受失落之苦。這種放棄無異於否定生命。別再往身外追尋了！追尋，影射出你內在的不圓滿，以及不敢承認自己內在的絕望，只能寄望由外界尋回自己的真相。（T-29.VII.4）

緊接著，耶穌提出第三個方案：

(5:1~2) **在這兩者之間還有另一途徑，不會帶給人任何失落之苦，因他很快就會忘懷那些犧牲及剝削感的。這就是今天要為你指出的路。**

在第三條路上，我們學習把身體轉為中性的存在，當成一間人生教室，而不是享樂或受苦的「承受者」。身體和世界本身不具任何意義，我們賦予它們什麼目的，那就是它們的存在意義。耶穌十分委婉地指點我們一步一步轉換目的，從絕望轉向喜樂，從失敗轉向成功，從虛無轉向無所不有之境：

> 讓我們一起遺忘自己以前賦予世界的目的。否則，未來就會像過去一樣，只是一連串令人傷心的夢；夢中的偶像接二連三地辜負了你的期望，讓你處處只看到失望與死亡。你若想改變這一命運，為自己開啟一道希望之門，由那毫無指望的無盡循環解脫出來，就必須承認自己對世界的目的一無所知。（T-29.VII.7:1~8:1）

言下之意，就是要我們發個「小小願心」，承認自己一直弄錯了，耶穌那一套才是對的。唯有掀開這道心門，我們才能和他一起踏上寧靜而平坦的歸鄉之路。

(5:3) **踏上這條路的你，就像其他的凡夫俗子，外表看起來毫無不同之處，其實你們大不相同。**

這句話點出了資深上主之師最重要的特質，他們在衣著外觀甚至飲食偏好和所有人一樣，行為表現也無何出奇；唯一不同之處，就是在舉手投足之間，不再依恃自己的能力，他們一切的思維言行是從他們和聖靈的關係中自然流露的。他們無需引人注意，因為他們體驗到的愛已經超越了特殊性的需求，他們成了愛的化身，為此他們臉上才會「更常掛著微笑」。

(5:4) **唯有如此，你才能自利而利他，帶領他們踏上上主為你**

開啟的道路；他們的路也因著你而開啟了。

這就是上主的牧者或上主之師在世的任務。但請記住，不論我們在教什麼或給出什麼指引，都和行為表相沒有關係，只是純然活出愛的倒影，反映出我們內在的真實生命而已。我們愈常向人反映愛的臨在，內心裡愛的強度自然會愈大。這是耶穌幫助聖子擺脫小我而恢復自性的妙方：

> 上主只有一個孩子，祂沒有成群的兒女。……聖靈自會為他發言，祂會告訴你偶像在此已無存在的意義。……天堂就在你的心內，你為何還要去尋找那有辱天堂的偶像，妄想向它索求更多的東西，多過上主賜給弟兄與你的一體生命？上主已經賜給你所有的一切了。祂為了確保你永不失落這一天恩，才把同一禮物賜給所有的有情生命。如此，一切眾生都成了你的一部分，也是祂的一部分。（T-29.VIII.9:1,4,6~9）

(6:1~2) **外表看來，你仍混跡於龍蛇雜處的幻相世界中，如此你與他們才有一個交會點。其實，幻相對你已經不起作用了。**

資深上主之師不只不避諱與凡夫俗子混世雜處，連看起來都和他們一樣。這些上主之師雖然仍活在幻境裡，幻境對他們「已經不起作用了」，只因他們已放下了小我，追隨耶穌的芳表，化身為真理的象徵，成了他人的指路明燈。套用我經常喜歡引用的一句話就是：

祂是我們追尋的終點，也是我們邁向祂的途徑。（W-302.2:3）

只要知道耶穌跟我們同行，世間種種的偶像對我們就不起作用了，我們會按照他人需要的形式來呈現自己，不再重視個人的特質；如此，我們才能跨越自己的特殊性，和耶穌以及所有弟兄一起邁上愛的道路。

(6:3) **他們從你那兒所聽到的，已非幻相；你讓他們眼睛看到的，讓他們心靈感受到的，也非幻相。**

縱然你在世人眼中，也是虛幻世界的一份子，但他們仍能在你身上感受到一種超乎世間的愛與平安。即便他們可能會把那種愛和你的形體混為一談，但那個愛會溫柔地牽引他們，越過你的有形之身，直抵心靈的普遍內涵。你慈愛的臨在本身，便成了一種提醒，不時呼喚他們作出與你一樣的選擇。

(6:4) **當你邀請他們跟你一塊兒上路時，在前導航的真相，不會透過幻相而向他們發言，因為你這條路如今已遠遠超越幻相之上了。**

在時空幻境內，資深上主之師確實走在眾人前面，因為他們成了真理的倒影。他們無需說什麼，別人會在自己所能體會以及能夠接受的形式下，經驗到那個倒影。耶穌多次明言了，真理不可能存在世間，因為上主和這個根本不存在的世界沒有交匯點，世界最多可能反映出真理的倒影，這就是上主之師的任務，一如下文所言：

> 我們確實能夠與上主直接相通的，因為祂與聖子之間原本就沒有任何隔閡。祂的覺知存於每個人的記憶裡，祂的聖言銘刻在每個人的心上。然而，需先清除真理道上的所有障礙，祂的覺知及記憶才可能進入我們的認知領域。歷來有多少人已經悟入此境了？這就涉及了上主之師的角色。……上主之師偶爾也會有與上主直接契合的短暫經驗。這種經驗在世上幾乎都難以持久。……一個人如果能直接且持久地與上主相通，他的肉體生命必然難以維繫下去。只有極少數的聖賢，為了普度眾生而捨下自己的身體。為此，他們需要藉助於一群仍在束縛與昏睡中的人，因著這群助手本身的覺醒過程，使得上主天音傳揚於世。（M-26.1:1~5;3:1~2,8~10）

我們會在幫助別人的同時，幫助了自己；又在幫助自己的同時，幫助了別人；因為上主之子根本就是同一個心靈。

(7:1) **所有的路最後都會導入這一條路。**

這一條路就是寬恕。唯它能引領我們跨越分裂、特殊性和死亡的小我思想體系，而導向真理的彼岸。因為終有一天，我們會感到走投無路而舉手投降，說：「一定還有更好的途徑才對！」（T-2.III.3:6）

(7:2~3) **那些犧牲與剝削之路終歸白忙一場，註定失敗，最後空手而回。只要你讓內在的真相出頭，引領弟兄遠離死亡之途，邁上幸福之路，你就不會誤入歧途了。**

再提醒一次，耶穌這一番話與我們的外在表現無關。他要說的是，當我們認清了在小我的指引下，我們只會白忙一場，不知所終，於是心態上發生了徹底的轉變，連過去那些不堪回首的選擇，也對我們起不了任何作用，只因我們終於看清了幻相的虛無本質，不再受它牽制，因而得以選擇真相。這真相即是人類的共同福祉——全體通贏，無人損失：

> 真正的選擇不屬於幻相領域。世界無法為你提供那種選擇。人間的道路只會將你導向失望、虛無與死亡。它好似給你種種選項，其實你根本沒有選擇的餘地。……切勿被名堂繁多的人生途徑混淆了眼目，它們都指向同一終點。……它們的終點既已註定，表示你沒有選擇的餘地。它們全通向死亡。
>
> 世界只給人一種選擇，不論它喬裝成多少種類；你學到了這一點，表示你已準備好接受那真正的選項了。……這課程要教你的不外是：你無法在同樣虛幻又同樣錯誤的花招之間發揮出真正的抉擇能力。世上所有選擇都基於這一信念：你必須在弟兄與自己之間作選擇，他損失多少，你就獲益多少；你損失多少，他就獲益多少。這與真理簡直是天壤之別，真理給你

> 的人生課題無非是教你明白：你弟兄失落什麼，你也會失落什麼；他獲得什麼，那就是上天賜你的禮物。（T-31.IV.2:1~4,7~8,10~11;6:1;8:3~5）

(7:4~5) **他們的痛苦純屬幻相。但他們真的需要一位嚮導，引領他們脫離苦海，因他們已把幻相與真相混淆了。**

資深上主之師的心境比一般人更接近聖靈，自然成了聖靈在世的代言人，然而他們絕不會凸顯自己與眾不同，反而處處顯現自己和別人的同一性，使自己的選擇更能普及於所有的人心。他們已經擺脫小我到某一程度，自然不會淪為「靈性特殊性」的偶像，而會默默地為聖靈所用。可還記得〈正文〉一開始就強調的「同一性」：不論我們在時空幻境中顯得多麼不同，本質上毫無差異：

> 平等的生命之間不該懷著敬畏，因為敬畏意味著彼此的不平等。因此，這也不是你對我應懷的心態。身為兄長者，經驗比較豐富，理當受到尊重；他豐富的智慧，你也理當聽從。他既是你的兄長，理當受到敬愛；他將自己獻給了你，自然當得起你的奉獻。我之所以配接受你的奉獻，只因我先奉獻了自己。我所有的一切，沒有一樣你不能得到。我所有的一切，也無一不是來自上主。此外，我一無所有，這是我們目前不同之處。就是這一點使我的境界對你而言仍是有待開發的潛能。（T-1.II.3:5~13）

(8:1~4) 救恩召喚你的目的僅此而已。它要求你接納真理，讓它在前導航，照亮那將你由幻境中贖回之路。它不要求任何贖金。你無需付任何代價就能大獲其利。

這一課是在復活節後筆錄的，故採用了基督教信仰的比喻：耶穌付出自己的生命作為贖回我們的代價（〈馬太福音〉20:28；〈馬可福音〉10:45）。小我一向主張，若想得救，必須捨棄一些東西當作贖金，或是作出一些犧牲來償還上主。事實上，我們唯一要作的「犧牲」，就是放下那從來沒讓我們好過而且從來不起實質作用，甚至從來不曾存在過的小我思想體系。所謂「救恩召喚」，不過是呼喚我們接受真相，捨棄幻相，如此而已；我們根本不需要為救恩付出任何代價，因為它所化解的東西根本就不存在。我們何需為解脫幻覺之後的喜悅付出任何代價？那原本就是我們與生俱來的天賦：

> 喜悅原本是無價的，那本是你神聖的權利；凡是必須付出代價之物，不可能是真正的幸福。（T-30.V.9:9~10）

在〈心理治療〉，耶穌談到收費問題時，也提出了同樣的觀點：

> 生存是天賦的權利，無需奮鬥爭取。那是上主親自保證過的恩許。因此也是治療師與病患共同享有的權利。不論是張三滿足了李四的需求，還是李四彌補了張三的匱乏，都可能為他們建立神聖的關係。……

這對雙方都是無價之寶。他們也應感謝自己終於擺脫了漫長的自囚與疑慮。有誰能不為這一禮物而感恩？有誰會幻想這是可能用錢買到的恩典？（P-3.III.4:1~4,7~10）

(8:5~7) **既然，神聖的上主之子只是好似囚禁在幻相中。因此，他也只需要從幻相中得救。幻相一旦知難而退，他就再度找回了自己。**

除非落入小我的夢境，否則，世上沒有任何力量束縛得了我們。身體也沒有囚禁我們的能力，因為身體既不是問題的起因也不是問題的答案；它不是在為小我效命，就是在為聖靈服務。我們之所以仍然困在人間，純粹因為心靈選錯了老師，我們只需放下這個錯誤選擇，自然就從這一幻相脫身了。由此可知，我們不是從罪中解脫，而是從罪的信念中解脫的。

只要抉擇者捨棄小我，轉向聖靈，人間幻相再也蒙蔽不了我們，我們便會領悟自己究竟是誰了。再說一次，這個覺醒過程和我們在世上的表現沒有任何關係。〈正文〉在「自我概念與自性之別」這一節也提到類似的觀點：只要我們放下了虛幻不實的自我概念，真理就會找到我們；這種說法遠比「我找到真理」更貼合實情：

你在哪兒放下自我概念，真理就會在那兒呈現自己的真相。只要你開始質疑自己的每一個概念，認清了它

> 所假定的前提根本經不住光明的照耀，真相便能脫穎而出，進入那不受罪咎污染的聖所。世界最怕聽到的就是你這一自白：
>
> > 我不知道我是什麼，也不知道自己在做什麼，或身在何處，更不知道該如何看待世界，或看待自己。
>
> 你若學會如此自白，救恩就來臨了。你的真相便會向你啟示它自己。（T-31.V.17:4~9）

(9:1~2) **如今，你可以安心地走下去；只是仍需警覺，因為你對這條路相當陌生。你會發現自己常身不由己地想走在真理前面，接受幻相的引導。**

耶穌提醒我們，與小我同行的人必會感到危機四伏，因為罪咎如影隨形。罪咎又期待懲罰，產生朝不夕保的憂慮，怎不令人感到欲振乏力？故若要活得安全無虞，唯有轉換思想體系，我們才可能心無愧疚、平安喜悅地走在人間。讓我們重溫一段鼓舞人心的奇蹟之言：

> 你無需害怕邪惡的勢力，昂首闊步行走於至善之境吧！純潔無罪的人永遠高枕無憂，因為他們與人分享了自己的純潔無罪。萬物在他們眼中都是無害而可親的，他們一體悟出萬物的真相，萬物便由傷人的幻相中釋放出來了。那些看似有害之物，一旦擺脫了罪惡

> 及恐懼的束縛，便會放出純潔的光輝，歡天喜地回歸於愛。（T-23.in.3:1~4）

請注意，「你對這條路相當陌生」這類說法不只出現於此，〈正文〉也常說我們有如剛上路的新手，例如「在救恩道上，你仍算是新手上路」（T-17.V.9:1）。在耶穌眼中，我們全是不懂事的孩子，甚至比喻成襁褓中的嬰兒，根本聽不懂周遭成人所說的話。耶穌在〈正文〉解釋「神聖關係」時，有一段便直截了當地說，他的道路對我們如此陌生：

> 只有本課程能幫你明白你所接收卻未必了解的訊息。你能了解本課程的，因它是用你的語言說出的。但你還無法真正了解它，因為你的整個交流能力仍在嬰兒期。嬰兒發出的聲音與他聽見的聲音，是很不可靠的，它們在不同時候可能代表不同的意義。他聽到的聲音和他所見的事物也不夠穩定。……神聖關係雖然好似新生嬰兒，剛由一個不神聖關係重生，其實它比自己所取代的幻相世界古老多了。這嬰兒能夠幫你恢復慧見，且用你能了解的語言為你解釋。（T-22.I.6:1~5;7:2~3）

言下之意，我們才剛剛入門呢，故切莫自大，認為自己已經掌握了《課程》的精髓。小我太厲害了，我們一不小心就會被它拐回它的世界。〈教師指南〉論及死亡的那一課，結尾有一段令人心驚之語：

上主之師，你的唯一任務可以歸結為一句話：不要接受任何帶有死亡陰影的妥協觀念。（M-27.7:1）

我改用自己的話來重述一遍，會更貼合本課的主旨：「不要接受任何**帶有二元性**的妥協觀念。」死亡乃是二元思想體系的必然結局，因小我的核心思想是：我和上主是兩個獨立的實體，各活各的，各行其是。這表示我們已經和二元性之念妥協了。難怪耶穌會這麼說：「你會發現自己常身不由己地想走在真理前面。」

每當《課程》的教誨在我們心中愈來愈能引發共鳴時，小我就開始發慌了。我們仍想保住一點特殊性的心靈便會這麼想：「我再修下去，遲早會把自己修沒了！」這時小我必會挺身而出，為我們解惑：「身體確實是一個大幻覺，**但是**《奇蹟課程》真正的意思是……；世界也的確是一個幻相，**但是**……」請看，出現這些「但是」，表示你已經妥協了，仍把身體當真，於是你會把寬恕理解為你需要寬恕**外面的某人**，或把神聖關係誤解為它是建立在兩個**不同的人**身上的，這和《奇蹟課程》的基本原則恰好背道而馳。無可諱言，這類觀點在許多靈修學派佔據優勢，但《奇蹟課程》絕不妥協，它只著眼於奇蹟學員的心內起了什麼念。可還記得〈正文〉這一句奇蹟名言：「本課程是一部強調『因』而不強調『果』的課程。」（T-21.VII.7:8）「因」指的就是**心靈**層次，「果」則指外在**行為**的層次。

小我總想「魚與熊掌兼得」，這就是耶穌所說的「與二元性之念妥協」的誘惑，別以為自己完全忠於耶穌的教誨，其實一直在把奇蹟的絕對真理拉入自己的思維幻覺中。表示我們還沒準備好跳脫幻相，忙著拯救身體，把世界當真，將幻覺攪入真理內，致使真理徹底失真。耶穌在〈教師指南〉提出類似的觀點，說我們「把幻覺置於真理之前」（M-27.7），和剛才所說的「與二元性之念妥協」可說是如出一轍。〈正文〉也有類似的說法，下面這一段引言不僅指出將真理帶入幻覺的錯誤，還道出它的悲劇性結局就是「令我們在夢境中愈陷愈深，萬劫不復」：

> 你終日忙著把真相帶入幻相，把真理帶入幻覺，一生都在夢幻之境徘徊。原本清醒的你，落入睡眠狀態之後，一日比一日睡得更深。每一個夢都會把你導向另一個夢，每個幻想好似為黑暗帶來一線光明，其實只會使黑暗顯得更加陰森。（T-18.III.1:1~3）

(9:3~4) **只要你能一心不亂地邁向真理，你會發現上天賜你的那群神聖弟兄正循著你的足跡前進。只要你追隨真理，他們便能在你身上看到一個似曾相識又能認同的指路人。**

「寓學於教」的觀點再次出現了。只有教導別人，自己才能學會，這就是聖靈的救恩「計畫」。如此，不僅能夠拯救自己，也拯救了世界，這才是上主之子的寬恕之道。

> 無罪的人收到什麼，就會給出什麼。為此，看看你弟兄的無罪本性吧！你才能一起享有你幫他由罪中解脫的力量。每一個好似在世間落單的人，身邊其實都有一位人間救主，這救主只有一個特殊任務，就是藉著釋放這位弟兄而讓自己也重獲自由。……每一個人只要願意著眼於對方的基督聖容，看出祂的無罪，等於找到了自己的人間救主。（T-20.IV.5:1~3,6）

總之，我們不會告訴別人他們是一具身體，但也不會教人否定自己的身體。我們只需為愛與平安活出一個榜樣，人們自然會領悟真理只存於心內，不在心外。為此之故，我們最需警覺的，即是不再把真理攪入幻相，因為我們若在奇蹟形上理念上稍作妥協，便會與珍稀可貴的真寬恕失之交臂了。

(10:1) **到了旅途的終點，真相與你之間便再也沒有任何間隙與距離了。**

在這段旅程中，我們**還有**一條深溝有待跨越。你可能覺得自己這個獨特生命正朝向某個特殊境界邁進，即使是資深學員也很難抵制這種誘惑。這表示我們和《奇蹟課程》的終極目標「除了上主和基督的一體生命之外，沒有其他生命」仍有一段距離。直到我們抵達真實世界，才會恍然大悟：所有的人都和自己始終一起站在分裂夢境之外；即使他們仍會把夢境內發生的一切當真，但你知道他們本有的一體生命始終存在夢境之外。如今，「旅途的終點」離我們還有相當的距離，我們剛剛踏上真理之路，初入門的這幾步只會隱約地反映出一點點偉大的一體聖愛，但只要穩住腳步，我們的旅程必會漸入佳境的：

> 你此行所遇到的壯麗景觀和遼闊的視野，絕不是你舉步之初預想得到的。隨著腳步的前進，即使柳暗花明，日臻佳境，但與此路的盡頭，時間告終之境的奇絕景觀相比，它就相形失色了。（M-19.2:6~7）

(10:2) **徘徊在旅途上的幻相也會離你而去，再也沒有任何東西阻撓真理回歸「上主的圓滿」，它如上主本身一般神聖。**

這兒又揭示了另一個重要的奇蹟理念：聖子乃是「上主的圓滿」。耶穌在〈正文〉中也說過類似的話——沒有我們，上主便不再圓滿：

> 缺了你，上主的意義不再圓滿；缺了你的創造，你的生命也不再圓滿。（T-9.VI.7:7）

> 你已了解自己的圓滿就是上主的圓滿，你的圓滿也是祂唯一的需求。唯有在此圓滿中，你才會意識到自己非祂莫屬。也唯有如此，你才可能悟出上主造你的初衷，那就是你的真相。（T-15.VII.14:8~10）

活在夢中的我們，相信自己已經逃離了上主，自然會認為那失去聖子的上主必然不再完整。如今，我們學會了寬恕，驅散了分裂的幻相；當幻相清除殆盡，最後只剩下我們的自性，上主便恢復了完整。

(10:3~6) **懷著信心退讓下去吧！讓真理在前引路。你不知道該往何處。但全知全能的那一位會與你同行。讓祂繼續引領你的前程。**

聖靈一定會引領我們穿越世界這個人生教室，邁向彼岸的生命實相。我們的任務只是把自己的幻覺帶到祂的真理前；如果我們搞反了，把真理拉到幻相中，就會使聖靈、救恩與真理淪為世界的附庸。請記住，我們是上主的一部分，也是天堂的一部分；上主可不是我們的一部分。切莫把祂變成形體世界的附庸！

(11:1) **夢境一旦結束，時間便會關閉一切無常之物，奇蹟也失去了存在的意義，神聖的上主之子再也不會自訂旅程了。**

耶穌在〈正文〉中曾說，這個「無程之旅」的終點始終不變（T-8.VI.9:7）。當我們抵達旅程的盡頭時，便會發現，這趟旅程本身竟然也是一個幻覺，那不曾真正存在過的夢境立即消失於虛無中。我們的時空之旅……

> 時間只是看起來朝著某一方向推進，但當你抵達盡頭時，過去的時間會像你身後那條漫長的地毯，瞬間捲起而消失於無形。……聖靈就立於時間的盡頭，那也是你真正所在之地，因為聖靈必然與你同在。祂會幫聖子解除所有與他不配之物，這是天父賦予聖靈的

> 任務。只要是出自上主之願，必然永遠如此。（T-13.I.3:5;4:4~6）

(11:2~4) **他再也不願繼續活在幻相而不活在真相內了。讓我們向真理邁進，沿著它標示的路途前進。這是我們最後的一段旅程，我們為所有的人而走。**

我們這一趟旅程是**為所有的人**而走的，因為我們**就是**所有的人。當我們在支離破碎又互不相干的個人夢境中鍥而不捨地操練寬恕，遲早會化身為一座燈塔，照亮所有的人，激勵他們和自己一樣選擇共同福祉。為此，出發之時，我們難免懷著個別利益的心態；但現在結束時，我們便認出了聖子圓滿的一體生命。唯有與弟兄一起步上歸鄉之路，合一的心靈之光必會驅散黑暗的分裂夢境。

> 有一種光明是世界無法給你的。只有你能給出，因為那是上天賜你的禮物。只有在你給出光明時，它才會光華四射，且殷殷呼喚你捨棄世界來追隨它。這光明對你的吸引，世界望塵莫及。你遲早會捨棄這個世界而追尋另一個世界的。那個世界因著你賦予它的愛而閃閃發光。那兒所有的一切都會喚醒你對天父與聖子的記憶。光明無所不在，寧靜而喜樂地籠罩著整個世界。與你同行的人一路照耀著你，你也滿懷感恩地返照他們，因為是他們把你帶到這一境地的。你們所匯集的光明能量，萬夫難當，你們的眼光不論落在何人

身上，都能將他引出黑暗。（T-13.VI.11）

(11:5~6) 我們絕不會迷失的。真理不只在前引導我們，它會同樣地指引尾隨而至的那些弟兄的。

耶穌明白我們仍會不時迷失方向，企圖要真理跟現實妥協。為此，我先前才會把原文改寫為「與二元性之念妥協」。耶穌不要我們否認二元世界中的種種經驗，只要我們別把它們弄假成真即可。別忘了，聖靈引領我們的路是量身打造的，教我們具體走過現實人生的每一個經歷，但最終的目標卻是越過夢境，奔向真理。

(12:1~3) 我們正向上主邁進。你不妨靜止片刻，沉思一會兒它的意義。還有哪一條路會比這個更神聖，更值得你投入精力、愛心以及你所有的意向？

耶穌要我們沉思片刻，想一想，為什麼明知小我的路只會令我們流離失所而與幸福絕緣，我們卻九死不悔地投效它？耶穌無意勉強我們跟隨他，只一再提醒我們，拒他於千里之外，只會讓我們活得很不快樂。因此我們最好保持警覺，今天有多少次，心中曾作此想：「我並不想到上主那兒去，只希望上主陪我走好人間的路。」我們不僅指望《課程》能幫我在夢境裡活得更幸福一點，甚至自欺欺人，生出某種妄想，深信《課程》真的會讓我們夢想成真。在這種心態下，我們不可能不曲解《課程》中的某些片段，不惜斷章取義來印證自己想要完成的夢想。雖然你的正見之心很想與《奇蹟課程》同行，但請留意，你的妄見之心會想盡辦法要《奇蹟課程》放下身段，陪你走夢裡的路。

(12:4~7) **哪一條路可能給你比一切還多的東西？而任何少於一切的禮物豈能滿足神聖的上主之子？我們正向上主邁進。走在我們前面的真理，如今已與祂合而為一，領著我們進入祂永遠臨在之地。除此道路以外，你還有什麼更好的選擇？**

真理不會將我們領回**自己**熟悉的過去，只會為我們指向上主「永遠臨在之地」。在此，我們再度聽到耶穌的殷殷呼喚，要我們重新選擇，因為只有那個選擇能帶來幸福。

(13:1~2) **你的雙腳安然踏上的路，正引領著世界邁向上主。不要去看其他好似指向不同歸宿的路。**

我們每個人只能為自己負責，正視自己不自覺的選擇如何與天堂背道而馳。很少奇蹟學員意識到這一點，這是小我最陰險的一招，它會給你某些靈性觀點，把世界弄假成真，還深信自己只要口說「奇蹟」真言，必能安返天鄉；毫不自覺自己早已落入小我的特殊性陷阱，與上主愈行愈遠了。因此，看清自己是怎麼不知不覺迷失於小我之路，是如此的重要。請記住，在二元世界裡，連聖靈給你的「信息」都不可當真。它最多只能反映真理的一個面向而已，切莫因著倒影而錯失了自己所渴望的真理之境。不要低估了特殊性的偶像裝神弄鬼的本領，故耶穌如此告誡我們：

> 不要被偶像的外形蒙蔽了。偶像純粹是為了取代你的真相而存在。你內心必然相信偶像多少能滿全你那渺小的自我，在危機四伏的世界給你一些安全感，只因世界的強大勢力隨時都在打擊你的自信與心靈的平安。這些偶像有時確能補給你的所需，為你增添一些你原本沒有的價值。為此，只有自甘卑微且迷失自我的人才可能相信偶像。他想在渺小的自我之外，尋找更高的力量，讓自己抬得起頭，不受世界有形的苦難所擾。其實那是一種懲罰，是你不願往內尋找肯定與安寧的報應，因為只有它們能幫你由世界解脫，讓你活得心安理得。（T-29.VIII.2）

耶穌三番兩次勸導我們，踏穩腳步，持之以恆地走上那平坦的寬恕之路，我們才超越得了卑微的自我；在平安寧靜中憶起自己的偉大自性，那是上主為祂唯一聖子創造的終極身分。

(13:3~7) **因你是上主之子，幻相不配做你的嚮導。不要忘了，祂已把自己的手放在你的手中，並且把弟兄託給了你，因祂認為你是值得信任的。沒有任何事情欺瞞得了祂。祂的信任使得你的腳步堅定，目標穩固。你絕不會辜負弟兄及你自性的期待的。**

耶穌在〈正文〉中說過兩次：「最後的結局會與上主本身一般屹立不搖的。」（T-2.III.3:10;T-4.II.5:8）問題是，我們並不相信他的保證，他才需要再三安撫我們。可還記得〈詞彙解析〉的「結語」，如詩一般的開頭：

> 可別忘了，這旅程一旦展開，結局就已成定數。一路上，你的疑慮難免此起彼落，周而復始。然而，結局已定。沒有人會完成不了上主指派給他的任務。當你忘卻自己的任務時，請記住，有祂伴你同行，祂的聖言已銘刻在你心上。懷有這希望的人怎麼可能絕望？雖然絕望的幻相仍會不時來襲，但你已學會不受它們的蒙蔽。每個幻相的背後，就是實相，就是上主。在幻相的盡頭，上主的聖愛只有剎那之隔，你為何還踟躕不前，繼續以幻相取代實相？結局已定，且有上主親自作保。（C-結語.1:1~10）

(14) **如今，祂只要求你每天想祂片刻，使祂得以向你訴說祂的愛，重申祂對你的信任之深，以及祂無條件的愛。因著你的名，以及祂自己的聖名（兩者其實是同一回事），我們歡欣地練習今天的觀念：**

> **我要退讓下來，讓祂指引前程，因為我願踏上祂的道路。**

今天操練的重點即是意識到自己多麼「不想」按照書中的指示操練，從早到晚，又有多少次我們有意把上主拉入自己的層面，要祂走「我們的路」，而不是我們走「祂的路」。正因如此，如果想成為一位道地的奇蹟學員，首要之務就是儆醒，隨時覺察自己又把二元世界的罪和特殊性弄假成真了。那麼，如何才能保持儆醒呢？就是「我要退讓下來，讓祂指引前程」，只要穩穩地走在祂的路上，上主之愛便會在轉瞬之間翩然來臨。

第一百五十六課

我與上主同行於完美神聖之境

這一課十分精彩，讓我們意識到自己的確是有正念之心的。〈練習手冊〉有好幾課的主旨，逐漸從「防範小我」轉移到「我是上主之子」的生命真相上；本課和下一課即是最典型的代表，文中充滿鼓舞人心的話語，喚醒我們對生命真相的記憶，以及陪伴我們走上真理之路的那一位。

(1:1~2) **今天的觀念只是闡明一個使罪念無從孳生的單純真理。它保證罪咎沒有存在的理由；罪咎既無存在之因，故不可能存在。**

請看，我們既然能夠「與上主同行於完美神聖之境」，便表示我們並沒有與上主分離，那麼罪自然就失去了立足之地，於是，那個由罪生咎，又由咎生懼，最後為了抵制罪咎而打造世界的整套瘋狂思維也就在轉瞬之間瓦解了。這正是《奇蹟課程》的中心思想，也是寬恕的基本原理。**一個念頭若不曾造成**

任何後果，自然稱不上「因」；它既然不是「因」，就不能視之為真實的存在。同理，分裂的罪名也必須仰賴具體後果才能成立，我們若能與上主同在，意味著天人沒有分裂；分裂既然沒有後果，分裂的罪名便無法成立，上主之子就此恢復了本然的純潔無罪，這就是奇蹟所要傳達的信息，正如下面一段〈正文〉所言：

> 至於你所記得的那些事，則從未真正發生過。它純屬無中生有，只因你已混淆了無因與有因之別。你一旦獲悉自己記憶中的那些後果全是子虛烏有而且也沒有任何影響時，你真該開懷大笑才對。只有奇蹟讓你憶起的那個終極之因才是永恆的，「它」全然不受制於時間和任何可能的干擾。「它」的真相始終不變。你是「它」的終極之果，如「它」自身一般完美且永恆不易。（T-28.I.9:1~6）

我是上主之果，不曾離開過祂；祂是我存在之因，亦即我的生命源頭。這就是救贖原則。在此前提下，我們才可能了解下面這段話的深意：

(1:3~5) **這一課重申了〈正文〉再三強調的一個基本觀念：觀念離不開它的源頭。若真如此，你怎麼可能與上主分離？你怎麼可能踽踽獨行於世間，與你的生命之源分道揚鑣？**

「觀念離不開它的源頭」這個核心理念，我們已經多次討論過了：我們既然是上主天心的一念，永遠未曾離開上主源頭，那麼，小我那一套說詞便不可能是真的，耶穌教誨的真理也更為可信了。〈正文〉也有一段類似的表述：

> 因與果其實是一物的兩面，不是兩回事。上主要你學會認出這千古不變的真相：祂已把你創造為祂的一部分了；這一真相必然永遠真實，因為「觀念離不開它的源頭」。根據創造的法則，……相信觀念離得開它的源頭，等於歡迎幻相取代真相，這種心願不可能得逞的。因沒有人欺瞞得了上主之子。（T-26.VII.13:1~3,5~6）

換句話說，如果我和上主以及任何一個人劃清界線、互不相干的話，等於全面否認本課陳述的真理，而與小我一起落入「不神聖」之境了。再加上分裂的罪咎推波助瀾，這「不神聖之境」必然顯得更加嚴峻而且更加真實。

(2:1) **我們的課程裡絕無自相矛盾的觀點。**

耶穌多次提過，在思維理路上，這部課程絕對是邏輯清晰而周密、從不自相矛盾的。我只舉出兩例：

> 這個課程極其簡單而且直截了當，絕無自相矛盾之處。（T-20.VII.1:3）

> 你不是完全相信本課程所言，就是完全不信。因它不

> 是徹底真實，就是徹底錯誤，你無法片面相信其中某一種說法。（T-22.II.7:4~5）

本課程在思想上是相當嚴謹的，因此我們切莫等閒視之，把它的形上理論拋諸腦後。如今，我們既然已明白「世界是個徹底虛幻的存在」，我們不妨反思一下，自己在現實生活中是怎麼存心想要遺忘這一單純真理的。看清了這一點，切莫為此而內疚或自責，唯有讓耶穌的愛進入心內，我們便不會自我批判了。

(2:2~3) **真理若是真的，必須徹頭徹尾的真實才行。它不可能自相矛盾，也不可能有一部分肯定，另一部分卻不確定。**

真理不可能在這場景下是真實的，在另一情勢下便失真了；耶穌也不可能只臨在這種場景而無法臨在另一場景。真理和耶穌若是真的，必然始終存在，因兩者存於我們的心內。耶穌在這部課程中，不時鼓勵我們下定決心，放棄過去所認同的幻相，接受真相，而且唯真理是求：

> 我已說過，本課程所論及的幾個重要概念，都沒有程度之分。有些基本概念甚至無法藉由它的反面意義去了解。光明與黑暗，一切與虛無，絕不可視為兩種並存的可能性。它們不是完全正確，就是完全錯誤。你必須明白，除非你已經堅定地投誠於一方，否則，你的想法必然反覆無常。（T-3.II.1:1~5）

(2:4~9) **你不可能活在上主之外的世界，因為沒有祂，你根本無法存在。祂就是你的生命。你所在之處，祂一定也在。只有一個生命。就是你與祂共享的生命。沒有一物能夠離開祂而存在的。**

世界萬物都不是上主的一部分；為此，世間沒有一物真正存在。耶穌所說的「天堂之外沒有生命可言」（T-23.II.19:1）正是此意。這個觀點，到了第一百六十七課「只有一個生命，就是我與上主共享的生命」，我們還會深入談一談。本段課文好似在為第一百六十七課鋪路，屆時我們又會碰到「觀念離不開它的源頭」這一原則。我們既然不曾離開自己的生命源頭，怎麼可能活在上主之外？

> 你無法逃避自己的真相。因為上主是仁慈的，絕不會任聖子棄祂而去。為祂這一真相而感恩吧！因這成了陷於瘋狂與死亡中的你的唯一出路。你只可能從祂所在之處尋回自己。（T-31.IV.11:3~6）

海倫曾為耶穌寫了一首詩，取名為〈情歌〉，表達出她對生命之主的愛，這感人的詩句也反映出我們對造物主的愛。以下，我只引用開頭和結尾兩段：

> 我的主，我的愛，我的永恆生命，
> 我活在祢內；除了祢的生命，
> 我沒有其他的生命。

> 我呼吸祢的話語，
> 我安息祢的懷裡，
> 祢這一點星光，聖化了我的視野。
> ……
> 遺忘祢，等於遺忘我自己，
> 我為何而來，我就往何處去。
> 我的主，我的愛，我的生命，
> 除了祢所知的美善，
> 願我遺忘其餘一切。
>
> ——《天恩詩集 / 暫譯》P.53

(3) 祂所在之處，必有生命，必也是神聖的。每一個有情生命都享有祂每一個屬性。凡是有生命的，必與祂一般神聖，因為凡分享祂生命的，必也享有祂的神聖性，故他不可能有罪，就如太陽不可能決心變成冰雪，海洋不可能決定離水而存在，青草也不可能懸在空中生長一樣。

此處提到的「生命」並不是指肉體生命，而是我們的靈性，亦即基督，祂才是我們的真實身分。祂和上主既是同一生命，聖子必然享有上主擁有的一切。

> 上主的推恩是永無止境且超越時間的；你既然身為祂的創造同工，也應永無止境地將祂的天國推恩出去。……按照上主的思維去想，表示你享有祂對你生命真相的肯定；若以祂的方式去創造，表示你已享有

祂給你的完美之愛。（T-7.I.5:4;6:1）

前面引言的最後一句「青草也不可能懸在空中生長」，言下之意：縱然我們一頭栽進了分裂之夢，也仍然改變不了我們的本然真相。違反自然之事不可能發生，非真之物也不可能存在；唯有上主擁有的才**是真的**，因之，天父永遠不可能失去自己的愛子。

(4:1) **你內有一種光明是永不消逝的，它的臨在如此神聖，整個世界都因著你而受到了祝聖。**

這個「光明」自然不可能出自身體和心理層次之我，而是發自正念之心，也就是聖靈所在之處。

(4:2~4) **一切有情生命都會前來獻禮，懷著感恩與喜悅之心將禮物置於你腳下。芬芳的花朵是他們給你的禮物。海浪向你俯首致敬，樹木伸出枝椏為你遮蔭，並以綠葉為你鋪路，讓你款步其上，連輕風也縈繞在你神聖的耳邊輕語。**

如此詩意的描寫，顯然是一種比喻，千萬不可按字面去解讀。耶穌以美麗的畫面幫我們意識到，自己若不把光明帶給陷於暗夜的聖子奧體，便會與這充滿愛和恩慈的世界失之交臂。〈正文〉在「祂們已經來臨」那一節，也同樣優美地傳達了類似的感恩情懷：

天使慈愛地在你頭上飛翔，不容罪的陰暗念頭侵入，

> 為你護守那已進入你內的光明。你的足跡會照亮整個世界，因你所到之處，寬恕欣然相隨。世人怎能不感激幫他修復家園而捱過嚴冬的你？天堂之主以及聖子對此再造之恩更是銘感不已。（T-26.IX.7）

順便一提，上面課文提到的「光明」，喻指著耶穌私下對海倫說的話。海倫開始筆錄時，耶穌曾把她形容為一束純淨的光，連天使都得向她致敬（《暫別永福 / 暫譯》P.17）。不消說，我們全都擁有這一束純淨的光，耶穌從不著眼於人心內罪孽深重的自我形象：

> 因為基督是上主之子，祂活在造物主內，而且身披上主的榮耀。基督是由上主的聖愛與美善延伸而出的生命，故與造物主一般完美，且平安地與祂同在。
>
> 光輝如天父的聖子，何其有福，他深願與人分享天父賜給他的榮耀。……安息於上主之人，願平安永歸於你，你是整個聖子奧體最終的安息。（T-11.IV.7:4~8:1,4）

(5:1) **整個宇宙都在引頸企盼著你的光明。**

世間芸芸眾生都處在水深火熱中，深深感到自己不屬於世界，卻又不知何去何從，只好苦中作樂，甚至以苦為樂。縱然如此，那束光明也不曾離開過我們，那一點自性的火花，就是〈正文〉經常提到的「光明實相」。即使在夢境裡，我們依舊記得這一點靈光，它成了引領我們跳脫夢境而得返家園的指路明燈，故說：「整個宇宙都在引頸企盼著你的光明。」

> 一個心靈的力量足以光照另一心靈，因為上主所有的燈燭都來自同一火種。它無所不在，永世不滅。
>
> 許多人身上就只剩下這一星星之火了，那「光明實相」（Great Rays）已被遮蔽了。然而，上主會護守這星星之火，使它常明不熄，那「光明」才不至於完全被人遺忘。……但這星星之火與「光明實相」一樣純粹，因為它是創造僅餘的呼聲。把你所有的信心置於其上吧，上主必會親自答覆你的。（T-10.IV.7:5~8:1~2,6~7）

我們能夠放下多少幻覺，接受耶穌教誨的願心有多大，他人在我們身上看到的光明就有多強。光明在我心中燦亮著，他人一定也會看到；那亮光好似默默地邀請他們：「你也可以作出和我一樣的選擇的。」每個人都渴望這一光明，然而這無形無相的光明，不由外來，而是出於「我是基督」的記憶，而基督代表了「光明實相」的家園。可以說，人們之所以受到《奇蹟課程》的吸引，不論他們後來是怎麼修持的，也都會從書中字裡行間感受到那一光明；即使不懂書中的理論，內心仍會感受到某種召喚，而那召喚並非來自這個世界，却令他們燃起了希望。

(5:2~4) **一切有情生命均肅立於你眼前，因為他們認出了祂正與你同行。你所披戴的光明，亦是他們的光明。為此，他們會在你身上看到自己的聖潔，把你當成人間的救主甚至上主一般致敬。**

「有情生命」這一詞在書中出現過多次，指的是我們心目中認定的「生命」；弔詭的是，基督這唯一真實的生命，在我們眼中反倒不像生命。耶穌在此告訴我們，眼前一個個活生生而且還和我們建立關係的生命，其實只是分裂之念投射出來的陰影，他們在人間看不到希望，由衷渴望有人能證明給他們看，讓他們知道自己徹底誤解了真相。無庸置疑，這兒說的絕非外在有形可見的光明，而是指聖子奧體內每一位看似分裂之子的心中放射出來的基督之光。

(5:5) **接納他們的致敬吧！因為神聖生命理應受此尊重；與你同行的神聖本體會以溫柔之光潛移默化一切萬物，使它肖似自己，且純潔如己。**

當他人向我們致敬或感恩時，可別視為個人的榮譽而變質為特殊性崇拜，但也無需故作謙虛地推辭。你可以接納他們的致敬，因為那不是針對你這個人的恭維，只表示你帶給眾人的希望。儘管他們仍然深受罪咎之念所苦，但他們在你身上感受到的愛與光明，已開始在心內發酵發光。

(6:1~2) **救恩就是這樣運作的。你一退讓下來，你內在的光明**

就會脫穎而出，擁抱整個世界。

我們在前一課「我要退讓下來，讓祂指引前程」中，也讀過類似的說法。讓「小我退讓下來」，意味著我們不再認同小我的分裂體系，決心將救贖的光明迎回心中。既然所有的心靈都是一體相通的，我的光明必也照在每個人心內。這足以「擁抱整個世界」的光明，當然不是指物質世界的光明（別忘了世界只是一念而已）；光明屬於心靈層次，唯真理之光足以驅散小我的黑暗，在我們的寬恕中熠熠生輝：

> 你們的光明實相會由此光明先折回黑暗的世界，再進一步伸向上主之境，驅散過去的陰影，為祂永恆的臨在鋪路；萬物便會在祂的光明下粲然發光。（T-18.III.8:7）

(6:3) **它不會向你預報一切罪終會在懲罰與死亡中結束這類訊息的。**

這句話影射了傳統基督教的教誨——因為它主張：只有當罪人受到懲罰，最後全都同歸於盡，罪才會「在懲罰與死亡中結束」；同時，另一批有福的義人便會復活，獲得永生，與上主共享榮福。耶穌在此卻說：只要我們能對任何罪過淡然一笑，罪就會悄然無息地消失於它所來自的虛無：

(6:4~5) **你只需淡然一笑，所有的罪就一筆勾消了，因為它怪異荒謬的面目已經暴露無遺。它不過是一個愚昧的念頭，無聊的**

夢境，沒有什麼好怕的，倒是荒謬可笑得很；誰會把邁向上主的寶貴時間浪費分秒於這稀奇古怪的念頭上？

「你只需淡然一笑」，這意味世界會在我們的一笑中結束。可記得，〈教師指南〉同樣要我們學習一笑置之：

> 世界必會在喜樂中結束，因為這兒是哀傷之地。喜樂一旦來臨，世界就失去了存在的目的。世界會在平安中結束，因為這兒是殺戮戰場。平安一旦來臨，世界還有什麼存在的必要？世界會在歡笑中結束，因為這兒是涕泣之谷。（M-14.5:1~5）

人間的罪惡竟然是以這種方式結束的！換句話說，我們不需要對付罪惡，只要不認同，而且一笑置之，它就銷聲匿跡了；因為它的存在就是憑靠著我們對它嚴陣以待。

我們只需退後一步，不難看清整個世界確實是仰賴我們把罪和分裂當真之故，便會明白為何耶穌屢次勸告我們莫把世間的種種當真了。他並非要我們否認世上發生的事，也不要我們假裝自己不是一具身體，更不樂見我們棄世界而去，因為我們需要世界這個人生教室，才能完成此生的功課。耶穌真正要說的是：「不要讓世上任何事件離間你我的關係就好了，你若對我敬而遠之，不是因為那件事情，而是因為你害怕我的愛會令你失去自己的個人價值。這個毫無理由的恐懼，正是你當初捨棄我而接受世界的主要原因。」這一段話影射了我們當初把那「小小的瘋狂念頭」當真的往事（T-27.VIII.6:2~3），如今耶穌要我們學習和他一起一笑置之：

> 只要我們攜手同行，便不難對此一笑置之了；我們知道時間是無法侵入永恆的。永恆否定了時間的存在。認為時間能干擾永恆的念頭，實在可笑之至。（T-27.VIII.6:4~5）

無可否認的，深陷痛苦、罪咎和死亡之夢的人，確實難以對那「怪異荒謬」的罪而淡然一笑的。

> 如果你眼前所見都是至為嚴重的後果，而你又看不見那微不足道的起因，你便無法把它當作一個玩笑看待了。（T-27.VIII.8:4）

但是，只要我們願意和耶穌一起跨出罪的夢境，就會發現罪的荒謬與愚昧，因為我們的寬恕幫助我們逐漸恢復了生命源頭的記憶，如此一來，構成小我之夢的罪，便會在那終極記憶中遁形而去：

> 不明原因的後果，顯得特別悲哀而且嚴重。其實，它們只是延伸出來的後果。那個毫無來由的起因，才是真正的玩笑。（T-27.VIII.8:5~7）

(7:1~3) **然而，你已經在這愚昧的念頭上浪費了無數的歲月。逝者已矣，所有的幻夢也隨之而去。它們再也束縛不了你。**

確實如此，我們甘願賦予世界多大的能力，它便能束縛我們多深；心靈一旦收回那個能力，世界與身體對我們便無法可施了。這正是奇蹟的療癒功能，它不過是把我們從過去莫須有的罪名中釋放出來，罪的苦果自然隨之消失了。可還記得這兩段〈正文〉：

> 這個世界早已過去了。構成這個世界的念頭，雖一度被心靈想過，也珍惜過，如今已不復存於心中。奇蹟不過讓你看到，過去的終於過去了；既然已經過去，對你便無任何作用。即使你念念不忘那一起因，最多也只能賦予它一個存在的幻相，對你依舊產生不了任何影響。
>
> 罪咎引發的一切後遺症也不復存在，因罪咎本身已經過去了。肇因一除，遺害自然隨之化解。（T-28.I.1:6~2:3）

(7:4~5) **你離上主愈來愈近了。在這短短的過渡期內，懷疑仍然難免，你也許還會忘卻你的神聖道友，或將祂誤認為那早已過去的無聊舊夢。**

當我們牽起耶穌的手準備上路時，內心便會忐忑不安，而我們的對應方式經常是讓早已過去的痛苦、罪咎以及特殊性從敗部復活。不僅如此，我們還會努力強化自己的存在（其實我們根本不在夢中，這是小我最怕我們發現的真相）。我們心知肚明，若真的按照奇蹟的教誨和耶穌的指引去做，這個生理及心理之我便無立足之地了。這終極的失落感必會引發莫大的焦慮與恐慌，令人對上主之愛避之猶恐不及。我們再溫習一次下面這段引言：

> 你為自己建立了一個神智不清的信仰體系，因你擔心自己在上主面前毫無招架之力，你想要逃避祂的愛，因為你認定愛會將你碾為虛無。你害怕那愛會使你失去自我，變得渺小卑微……。你認定上主企圖毀掉你所打造的世界；你若愛祂（而你分明如此），無異於放棄自己的世界（你確實會如此）。於是，你只好利用這世界來覆蓋你的愛；其實你愈深入小我的黑暗巢穴，離它所隱藏的愛反倒更近了。**這才是最讓你害怕的事**。（T-13.III.4）

小我為了防止那可怕的狀況發生，教唆我們把耶穌拉入自己的夢境，藉此鞏固世界與自己的真實性。針對這一點，耶穌曾在《天恩詩集》語重心長的說：「我不是那存心嘲弄真相的夢。」（《天恩詩集／暫譯》P.121）

(8:1~2)**「是誰與我同行？」今天應該這樣問你自己幾千遍，直到你的肯定清除了所有的疑慮，恢復內心的平安為止。**

言下之意，我們必須警覺自己何時又放棄了聖靈之愛而選擇與特殊性的小我同行的。嚴格說來，整部〈練習手冊〉其實就是在磨練這一覺知的。

(8:3~6) **今天，釐清你所有的疑慮吧！代你發言的上主會如此答覆你的：**

> **我與上主同行於完美神聖之境。我照亮了世界，也照亮了自己以及其他的心靈，它們在上主的造化中原是同一個生命。**

關鍵是，我們是否真的意識到與小我同行是不可能獲得幸福的，唯有與造物主同行才會如願以償。海倫在一個聖誕夜曾寫下〈天父的家〉這首詩，不僅為本課做了美妙的結論，還把本課幾個重要觀念交織成了一首無比優美雋永的詩歌：

聖潔是我的名字，
因我是上主之子，
悠游於千古寂靜。
我一揮纖手，塵囂頓止，天下清平。
有情眾生終得安息，
悄然融入神聖之境。
他們安歇於我的安息，
因我們是一個生命。
世間諸苦，無一不在寂靜中療癒，
因它源自上主；
人間哀戚，無一不轉為歡笑盈盈，
因我已來臨。

我來去不孤，

天國視我如己出；
遍灑我一身光明，
因我是上主之子，
承繼了祂的聖名。

這是天父的家，
是我的涅槃寂靜。

——《天恩詩集／暫譯》P.59

第一百五十七課

此刻，我就要進入祂的臨在

本課繼續前一課的主旨，為我們呈現正念的心境，讓我們預嚐一下真理之境的喜悅美妙滋味。因此，它不再著墨於妄念之心，而把焦點轉向寬恕慧眼中的美麗景象，重溫前面幾課的重要觀念。

(1) 今天是靜默與信賴的日子。是你的日曆上充滿許諾的特殊時辰。上天特別揀選了這一天，以超越時空的光芒照耀其上，你聽到了永恆之境的迴響。這是神聖的一天，因它為你開啟了嶄新的經驗，給你一種另類的感受與意識。你曾以無數漫長的日夜來慶祝死亡。今天，你要學習感受一下生命的喜悅。

耶穌好似對我們說：「我試著幫你憶起始終存在你心內的真相，那平安幸福之境所給你的體驗，足以反映出你是基督的真相。你終於可以放下執迷已久的死亡之苦了，今天，讓我們重新選擇生命吧！」我們已經知道，若想實現這一願景，唯有寬恕一途；而每一天都提供我們無數的機會，接受耶穌的協助，越過我們和弟兄之間毫不神聖的分裂表相，學習著眼於一體聖子共有的神聖自性。耶穌在下面一段〈正文〉為我們描繪寬恕所帶來的美妙景象，鼓舞我們透過他的眼光去看；寬恕下的美麗景象成了永恆美善之境的迴響：

> 當你親眼看到過去的恐怖幻相如今已轉為美妙與平安的景象，當你親眼看到過去殘暴的死亡幻影已化為一座寧靜安詳的花園，徜徉在藍天之下，旁邊還有滋潤生命的清澈泉水流過，你還需要誰來勸你接受慧見的禮物？有了慧見以後，誰會拒絕它所帶來的種種恩典？你是能夠看到上主賜給聖子的神聖生命的，不妨在這句話上深思片刻。你就再也不會想看其他東西了。（T-20.VIII.11）

(2:1~2) **這是本課程另一個關鍵性的轉捩點。我們在此又添加了一個新的層面，這一新經驗不只會光照我們已學過的一切，還進一步為我們以後要學的課程鋪路。**

耶穌再次提醒我們，我們這一路已經從他那兒學到了什麼，又與他同行了多遠，可以準備進入下一階段了。現在，我們不妨回顧一下他究竟教了我們什麼：世界是個幻相；我們的所知所見和所思所想其實是同一回事；小我之外還有一位神聖導師，只要選擇祂，祂便能帶領我們從身體層次提升到心靈層次。耶穌一向是從世俗經驗下手，最後讓我們明白那些經歷不過是反映出心靈決定的一道陰影而已。總之，耶穌為我們指出，我們是怎麼走過來的，他又要將我們領向何處，我們只需緊握他的手，願意和所有的弟兄同行，必能完成我們這趟寬恕旅程的。

(2:3~4) **它將我們帶到了學習的盡頭，在這門檻上，我們會驚鴻一瞥那超越所有學習之上的境界。它會讓我們在此繼續逗留片刻，然後一起跨越過去，氣定神閒地邁向此生的唯一目標。**

所謂「唯一目標」，就是指《奇蹟課程》的目標——將我們領到〈正文〉所說的「天堂大門」而已，那就是真實世界。至此，學習便到了盡頭，愛必會前來相迎。耶穌在下一課也說得很清楚，上主的聖愛以及一體自性的體驗，完全超乎我們的學習能力之上；我們所能做的，最多只是為愛排除障礙而已。同樣的，〈練習手冊〉一年的培訓課程，也只有一個目的，即是教導我們**解除**小我灌輸給我們的那一套，而唯寬恕才有此般除障的能力，讓我們安然穿越千古的恩怨，進入真實世界，直抵天堂之門。在那兒，愛必會欣然來迎：

> 寬恕過去，讓它過去吧！因它已經過去了。如此，你便不會陷在兩個世界的夾縫中。你已經越過此境，且抵達那緊貼著天堂大門的世界了。上主的旨意在此暢行無阻，你再也不必重複那早已結束的旅程。溫柔地望著你的弟兄，看吧！你怨恨之眼所見的世界終於轉

化為愛的世界了。(T-26.V.14)

更直截了當一點，這一段話就是：「我已經把愛的世界送到你面前，為什麼你寧可徘徊在恨的世界裡？我的弟兄，重新選擇吧！」類似的呼喚也出現在《天恩詩集》裡：

重新選擇吧！
這仍是你唯一的希望，
黑暗屏蔽不了上主的恩典，
除非你自甘放棄。

我在平安中來到，
力邀你結束時間大夢，
與我一起跨入永恆。
……
當你再度歸來，
勿忘牽住我的手，
因為我不曾離開過你。

眾天使也會翩然而至，
為我們清除夢中的殘跡，
令虛無之念重歸虛無。

你在上主心中何其珍貴，
祂只盼你邀我同行，
方能為世界帶來光明。

這個世界已經奄奄一息，
因為恐懼耗盡了它的愛、
希望，還有生命。

——《天恩詩集 / 暫譯》P.117

(3:1) 今天，你會嚐到一點兒天堂的滋味，雖然你不時還得回到學習的路上。

耶穌再次告訴我們，想要嚐到天堂的滋味需要一段過程。如果我們腳踏實地操練這一年的課程，會為我們節省不少時間。我們放下小我的決心有多強，愛的體會就有多深，哪怕只是短短的一瞬。但這並不表示我們就此完成了學習，或旅程已經結束了，「天堂的滋味」不過透露一個事實，耶穌所指向的實相始終存在我們的心內。

(3:2~3) 然而，這一條路你已經走得夠遠了，你有能力轉化時間，超越時間律而一窺永恆片刻。只要忠實地練習每一課，你這能力就會愈來愈純熟，愈來愈快進入這一聖地，與你的自性同在一會兒。

耶穌再次強調，我們不只需要忠實地練習每一課，還得反覆溫習才行。就像戲臺上的排練，演員必須反覆背誦臺詞，直到句句發自肺腑才算上道。我們在耶穌的「救贖大戲」中也需要如此排練臺詞，當然，他並非要我們死記硬背他的劇本；反覆排練的意思是不斷請他修正我們的妄念，他才有辦法將我們送回家。

(4) 今天，祂會親自指導你的練習，因為你此刻的要求與祂的旨意不謀而合。你的意願既已結合於祂的旨意內了，今天，不論你要求什麼，必會獲允的。今天你只需要這一觀念來光照你的心靈，讓它安息於寧靜的等待及無言的喜樂中，而且你會迫不及待地把世界拋諸腦後。

這一段又把最近兩課的主題帶到另一深度。「今天你只需要這一觀念」，表示耶穌對我們只有一個「要求」，就是決心捨棄小我，活出基督，此外別無所求。也就是說，我們光是發現自己又拜小我為師是不夠的，還要意識到自己仍有選擇新老師的餘地才行。順便一提，本課說的「基督」或「自性」，其實是指聖靈，只有祂負有教導的任務。

(5:1) 從今以後，你才會心悅誠服地獻身於自己的牧靈使命，你的光輝會由指尖傳給你所接觸的人，祝福了你視線所及之人。

請不要從字面詮釋這段話，如果你真的用神聖的手指觸摸別人，或故意把燈關掉，好讓他人看到你在發光，那會顯得很可笑。這類描述只具有象徵的意義，可別當成真理看待。耶穌早已清楚地告訴我們，身體只是一個幻相，他怎麼可能要你的手指發光？我之所以如此提醒，因為少數奇蹟學員會把這類說法當真。請記住，只有**心靈**才可能發光，當我們全心臣服於一體聖子的真相，而以寬恕擁抱整個聖子奧體時，我們共有的自性自會透照出燦爛的光輝。

(5:2~3) **你的慧見還會傳到你所遇到、想到或是想起你來的每一個人那裡去。今天的經驗會徹底轉化你的心靈，使之成為上主聖念的一塊試金石。**

這段話讓我們再度回到了《課程》的核心思想，也就是捨下小我的「非此即彼」，轉而接受聖靈的「不是全有，便是全無」的原則。基督的慧見若無法涵蓋所有的聖子，就表示沒有一個人（包括自己在內）能得到慧見的青睞。可還記得〈正文〉最後所描述的終極境界？

> 我已為你疲倦的眼睛帶來一個嶄新的世界，如此地清新、潔淨，它會使你忘卻往日的哀傷與痛苦。但你必須把慧眼之所見與身邊每一個人分享，否則你自己也無從看見。唯有給出這份禮物，你才可能享有這禮物的祝福。這是慈愛上主的天命，使你永遠失落不了這一禮物。（T-31.VIII.8:4~7）

耶穌在論及神聖關係時，便已說過，神聖關係的一體之愛預告了永恆的來臨：

> 永恆境界的每一位先驅都在歌頌著罪惡與恐懼的結束。他們雖仍活在時空中，卻已開始講述超越時空的事情。兩種聲音同時揚起，在每個人的心中共鳴，匯為一個心跳。這同一心跳等於在歡迎與傳揚一體之愛。願你的神聖關係永享平安，因它具有結合上主之

> 子的能力。你是為所有的人而給你弟兄這一禮物的，為此，所有的人都能同享這一快樂。（T-20.V.2:1~6）

何其有幸，我們從耶穌學到了「不是全有，就是全無」的人生功課（T-19.IV.四.12:8）。這一慧見足以徹底轉化自己以及整個聖子奧體的心靈，因為唯獨「無條件且無例外」的寬恕之念才足以反映出無所不包的聖愛之念。

(6:1) 今天，連你的身體都會受到聖化，如今，它的唯一目的即是藉你此刻體驗到的慧見來照亮整個世界。

不消說，受到聖化的絕非身體，耶穌說得不能再明確了，是那個「目的」讓身體顯得神聖，其實身體本身非聖亦非凡，它什麼也不是。心靈要嘛為小我不神聖的目的服務，強化分裂之罪；要嘛就是為聖靈的神聖目的服務，解除先前的選擇，用寬恕來修正小我的錯誤。只因我們仍然相信自己是一具身體，本課才會將心靈的功課轉成我們能夠了解也能夠接受的語言來表述。總歸一句，神聖只屬於**內涵層次**，與**形式表相**無關。下面這三段〈正文〉為我們對比了心靈的兩種目標，它若不是為判斷服務，就是為慧見服務，若不是定罪，就是無罪。

> 身體確實是小我企圖把不神聖關係弄假成真的手段。……它在世上只有一個目的，就是罪。……你若著眼於身體，表示你已選擇了判斷，而非慧見。因為慧見就像所有的關係一樣，也沒有程度之別。你不是

看到了，就是根本沒看到。

凡是著眼於弟兄身體的人，等於根本沒看到弟兄就對他妄下判斷了。他並不是真的看出弟兄有什麼罪過，他根本什麼也沒看到。因為罪的黑暗使他看不到弟兄的面目。……也只有在同樣的黑暗裡，弟兄的真相被你幻想成一具身體，然後跟其他身體建立種種不神聖的關係，為罪苦之因效命片刻便離世而去。

虛妄的幻想與慧見確有天壤之別。它們的分別不在它們自身，而是在目的的不同。因為兩者都只是方法或手段而已，每個方法只會恪盡職守為自己的目標效力。……判斷是你教給自己的本事，慧見才是聖靈教你的功夫，幫你化解過去學來的一切。祂的慧見絕不會去看身體，因它不可能著眼於罪。這就是祂領你進入真理實相的途徑。（T-20.VII.5:1,3,7~9;6:1~3,7;7:1~3;8:4~6）

耶穌當然不是要我們否認眼睛所看到的種種現象。「不再著眼於身體」，僅僅意味著我們不再透過小我的判斷與定罪（也就是個別利益）的「目的」去看，轉而接受聖靈的「目的」，改用寬恕（也就是共同福祉）的眼光去看待一切。

(6:2~3) 這種經驗本身是無法直接給人的。然而，我們卻能將它帶來的慧見分享給每一個人，讓他更快地經驗到你的境界，

悄悄地把世界遺忘，霎時憶起了天堂。

這段話再次重申了，只有學習的過程是可以傳授，也是別人可能了解的；我們無法「給人」任何經驗，必須等他自己完成這一過程，自然而然就體驗得到。我們若能「遺忘」那套造出世界的思想體系，也就是拒絕與小我認同，世界便會悄悄地被遺忘。那時我們才會相信耶穌所說的「救恩原是一趟『聯袂探險』的旅程」（T-4.VI.8:2），不再相信小我那一套——以犧牲別人作為勝利的代價。這才表示我們真正學會了放下判斷，開始選擇慧見，一如〈正文〉所言：

> 救恩是聖靈的目標。慧見則是祂的方法。因為慧見所著眼的正是這個無罪本質。凡是心中有愛的人是不會評判人的，他眼中的一切均無罪罰的陰影。他不會看到自己打造之物，只會看到聖靈願他看見之物，聖靈同時給了他能夠看見的慧眼。（T-20.VII.9:4~8）

(7:1) **當這種經驗愈來愈強，你對其他的目標也會愈來愈不屑一顧，你嚮往的世界逐漸向時間的盡頭推進，使它在某方面與天堂更為相似，解脫的日子就近在咫尺了。**

我再提醒一次，並不是世界將會脫胎換骨，變成了人間天堂。虛無之物豈有轉化的餘地？然而，不少靈修傳統或宗教大力宣揚新天地、新世界的來臨，《新約》也提到「新耶路撒冷」的未來景象（〈啟示錄〉3:12,21:2），但那並非耶穌的觀點。耶穌強調的是思想體系的轉變，意味著改變世界的存在目的。「當這種經驗愈來愈強，你對其他的目標也會愈來愈不屑一顧」，當中「愈來愈」一語，顯然寓意著前面所說的「學習過程」。耶穌並沒有說世上的一切全無價值，因為我們還沒達到那一階段；他只要我們學習不再那麼重視一無價值的世界（W-133），漸漸的，我們對自己賦予世界的價值以及人間的種種經歷，就不會那麼在意了。耶穌在〈教師指南〉描寫信賴的第三階段時也有類似的說法：

> 他會從〔放棄無價值之物的〕經驗中學到，在他預料受苦之處，找到的竟是如釋重負的喜悅，在他以為必須付出代價的地方，他竟發現了天賜的禮物。（M-4. I. 一 .5:8）

耶穌就是如此一步一步引領我們走過自己寬恕的世界，一直送到天堂的門口。學習到此結束，但我們還可以「百尺竿頭，更進一步」：

(7:2~4) 你一旦把光明帶到世界，光明對你便更加顯著，慧見也會益發清晰。當時辰一到，你不會以現有的身形回歸這世界，因你不再需要它了。但目前為止，身體還有存在的目的，它會繼續為你效力的。

寬恕的目標一旦完成，我們便進入真實世界，憶起自己是上主之子，自然不再需要身體充當學習的教具了。到那時，身體的外在表相也會因著心靈的轉變而煥然一新。但在那個幸福結局來臨之前，身體仍然負有一個神聖任務，一邊學習寬恕，一邊成為他人寬恕的榜樣。這也成了神聖關係的目的，透過與弟兄的合一而與耶穌結合，這合一的光明又會經由我們而照亮世界每一角落：

> 你已透過自己的人際關係，與我一起將天堂帶給仍陷身於黑暗的上主之子。你一心一意願把黑暗帶入光明，這個願心為所有黑暗之子帶來莫大的鼓舞。只要是真想看見的人必會看見的。他們還會與我一起將此光明帶入黑暗之地，但他們必須先把自己內在的黑暗交託給光明而使黑暗永不復返才行。……如今，你成為帶給人救恩的使者，負起了把光明帶入黑暗的任務。因你已將自己內的黑暗帶入了光明。現在將此光明經由神聖一刻再帶到黑暗之境吧！因先前是你把黑暗帶入這一刻的。（T-18.III.6:1~4;7:1~3）

這段課文喻指了耶穌當年不經意地對海倫說過的話，大意是：你下一世重回人間時，就大不相同了。言下之意，她會進入真實世界。（《暫別永福 / 暫譯》P.476）

(8:1) **今天我們所要進入的境界，超乎你的夢想之外。**

這兩句話可以當做一種比擬，也可以視為正面的表述。那一境界確實是我們作夢都不敢想的，一來是因為根深柢固的罪咎作祟，令我們深信天堂遙不可及；其次則因實相的境界確實超乎小我夢想之外。小我的噩夢只會令我們與上主愈行愈遠，唯有聖靈的美夢方能快樂地領我們回家。

(8:2) **然而，那位賜予生命幸福之夢、將知見轉譯為真理、且領你回歸天堂的神聖嚮導，已親自為你夢見了今天所要開始的旅程，並賜你今天課程所給你的經驗，使它變成你自己的經驗。**

聖靈「轉譯」的手法即是：把我們在知見世界中所有的經歷，放在不同目的下重新詮釋。小我的目的只會讓我們在夢中愈陷愈深；聖靈則能透過寬恕的慧眼，幫我們從夢境中甦醒：

> 聖靈則運用慧見將你的噩夢詮釋為幸福美夢，讓你看到，祂已把你想像出來的罪所帶來的恐怖後果轉換為寧靜而安心的景象了，你會欣然望見這一溫柔景象，喜悅地聆聽它的聲音。聖靈會用它們替換小我存心驚嚇你的可怕景象和刺耳噪音的。這些景象與聲音會跟罪惡保持距離，而且不時提醒你，你害怕的並非真相；你所犯的錯誤全都可以修正過來。（T-20.VIII.10:4~7）

最後，我們進入了本課的結語，真是鼓舞人心的一段話：

(9) **我們現在就要進入基督的臨在，放下其他的一切，全神定睛於祂的光輝聖容及圓滿之愛。你的慧見所瞻仰的聖容會與你**

同在；不時，你還會驚鴻一瞥那超乎所有慧見（包括這最神聖的慧見在內）所能目睹的境界。這經驗不是你能傳授給人的，因為它不是由學習而得的。然而，這慧見會讓你回憶起你不僅此刻知道而且遲早必會知道的真相。

這一番話向我們保證了，我們在世時，便有可能全面跳脫小我世界，徹底改換自己的身分。我們還會回來，因為我們尚未徹底放下小我，然而聖靈會將我們學到的慧見轉譯為此生的經驗，讓更多的人因我們而受惠。這與我們說什麼或做什麼毫無關係，它靠的是我們的心靈不再披戴小我的陰影了。縱然我們無法在人間傳授上主之愛及一體境界，但仍大有可為，教人如何解除罪咎，也就是不再對自己以及他人懷有判斷之念；這種示範足以清除一切障礙，一同憶起我們共有的一體生命。簡言之，我們能夠與人分享的只限於**解除幻覺**的過程，而不是傳授至純的真理。只要我們真心回歸真理，真理便會自動浮現於心中。

最後，附帶說明一下，文中的rememberance（回憶）多了一個字母e，這並非排版錯誤，而是為了遷就抑揚格五音步的節奏，不惜加入一個額外的音節，以免破壞了詩律。

第一百五十八課

今天我要學習給出自己領受的一切

接下來的兩課都在陳述同一主題：施與受是同一回事，這一原則與慧見的內涵完全一致；就這一點而言，我們在第一百零八課「施與受在真理內是同一回事」中，也曾談過「施與受」和「慧見」的同質性。耶穌之所以反覆強調施與受的同一性，是為了彰顯愛的一體本質。既然真理是建立於天堂一體不二的實相上，那麼，天父所給的一切，聖子必然全接受到了；聖子所給的一切，天父一定也收到了。因為愛只有一個。

這個一體實相反映在人間的，就是「我必須寬恕才可能知道我已被寬恕」這個道理。同理，我若讓人感覺內疚，必會強化自己的罪咎感。「施與受是同一回事」這一原則，不僅適用於聖靈（因祂本身就是天堂一體境界的倒影），也同樣適用於小我。上主之子只有一個心靈，外在的世界和有形的身體充其量只是罪咎之念投下的一道陰影。也因此，當我們說施即受，意味著不論我們給出什麼，都只可能給予自己，因為外面並沒有「別人」。

(1:1~3) **上天究竟賜給了你什麼？就是「你是心靈，活在天心之內，純粹唯心，永遠無罪，一無所懼，只因你是出自愛的創造」這個真知。你從未離開過自己的生命源頭，你還是受造之初的模樣。**

在這裡，耶穌再度重申了「觀念離不開它的源頭」這一原則。基督和上主之子這一念，自然也離不開上主之源頭。讓我們再讀一段有關天堂一體之境的描述：

> 聖子是在上主延伸其聖念之際造出的，凡是由聖念延伸出去的，必然依舊存於天心之內。因此，祂所有的聖念不只本身是完美的一體，彼此之間也互為一體。（T-6.II.8:1~2）

(1:4~5) **這天賜於你的真知，你是永遠不可能失落的。它同樣賜給了每一個有情生命，它們的存活也是基於這一真知。**

我在第一百五十六課曾說過，「有情生命」的用詞（W-156.5:2），通常是指凡夫眼中的生命；然而在此處，卻是指我們的靈性，因為只有靈性才有生命可言，天堂之外沒有真正的生命。每個人心內冥冥中都知道自己是基督或一體自性的一部分，這個愛的真理不可能從人心中缺席的。然而小我卻用另一套思想體系誤導我們：觀念可能離開它的源頭，表示上主之子也可能離開天堂的終極源頭。愛就這樣被打倒了，真理的一體性被小我視以為真的罪摧毀了，最後，連小我自己投射出來的世界也無法倖免：

> 罪就是相信你能把攻擊之念投射到心外的世界，其實你的心靈才是這一信念的源頭。你就是這樣把「觀念可能離開它的源頭」的信念變得天經地義的。充斥著罪與犧牲的世界也是由此錯誤醞釀而成。這個攻擊成性的世界，竟想證明你是純潔無罪的，它必然功虧一簣，因為某種罪惡感會在你心裡隱隱作祟，你卻說不出道理何在。只因你把這些後果與它的起因視為毫不相干的兩回事，既非你能控制，你也無從預防。一旦把因果這樣分開後，你便再也看不出它們是同一回事了。（T-26.VII.12:2~8）

萬幸的是，不論我們相信什麼，也無法弄假成真，正因為**觀念離不開它的源頭**，不論聖子作了什麼決定，他永遠不曾離開天父的源頭。

(2:1~2) **你已經領受了這一切。凡是活在世上的人必然都領受到了。**

我們全都有這個錯覺，認為自己活在一具身體內；縱然如此，人心內始終存有一體生命的記憶，那就是聖靈。祂是上主之愛留給我們的禮物，所以每個人都領受得到。但請留意，切莫受二元思維的誤導，把這句話詮釋成上主這個獨立生命體給另一個叫做聖子的個體一個禮物。耶穌之所以使用二元性的說法，是因為我們還無法理解一體境界，因此，我們應該把施與受的關係視為象徵性的表達，它不過反映出上主與基督一體不分的關係，僅此而已。

(2:3) **這真知不是你所能給的，唯有上主的造化才能給出。**

我們在夢境中所能給的只有寬恕，因為唯有寬恕才能反映出天堂的愛。耶穌在此說得不能再明確了，我們在世上是給不出真愛的。〈正文〉也有類似的說法：

> 你一邊把分裂的決定歸咎於小我，一邊又對親手打造出來的小我戀戀不捨，內心勢必充滿衝突。人間沒有一種愛不是愛恨交織的，世上也沒有一個小我嚐過毫無衝突的愛，那對它簡直是不可思議。（T-4.III.4:5~6）

由此可知，唯有在人間反映出天堂的平安，我們才可能憶起天父之愛：

> 將天堂的平安映照到世界吧！你等於把世界帶向天堂。因真理的倒影會吸引每一個人進入真理，一旦進入此境，他們再也無需倒影之助了。在天堂裡，人人享有真相，不只是倒影而已。但在世上，你必須先給出天堂的倒影，上主之子才有可能唯獨著眼於天堂的

> 真相。他對天父的記憶才會開始浮現；此後，除了自己的真相以外，世上再無一物足以滿足他的心靈了。（T-14.X.1:6~2:3）

(2:4~7) **這一切也非後天學得的。那麼，今天你要學習給的究竟是什麼？前一課提到〈正文〉的一個重要觀念。經驗是無法像慧見那樣能夠直接與人分享的。**

耶穌再度為我們釐清一體不二的「真理之境」及其「倒影」的區別。真理在人間沒有立足之地，世界只可能擁有真理的倒影，那就是慧見。《奇蹟課程》要我們牢牢記住上主所給的（真知與真愛），和我們在世上所能給的（愛的倒影），不可同日而語。《奇蹟課程》的宗旨並不是在解說上主的愛是**什麼**，而是教導我們**如何**憶起上主之愛，那就是寬恕之道。接下來，我們再溫習一段〈正文〉：

> 正如虛無無法入畫，本體境界也無可象徵。你不可能透過形相、圖樣或靠親眼目睹而了解真相。寬恕並沒有這一境界的無限能力，但它也不受制於你的畫地自限。寬恕只是用來代表真相的一個臨時道具，給聖靈一個與你交換祂的畫面的機會；這一教學工具等你完成學習時便無存在的必要了。（T-27.III.5:1~6）

下面緊接著的幾句課文十分重要。耶穌暫時打了一個岔，說起時間的形上學了。關於時間的主題，不是三言兩語說得清的，由於我已經在《時間大幻劇》一書詳述了《課程》的時間觀，在此就點到為止。大家只需要記住，耶穌說的不只是時間在本質上是虛幻的，連我們日常生活所經驗到的線性時間也一樣的虛幻：

(2:8~9)「天父與聖子是一個生命」這個啟示遲早會進入每個人的心中。然而，那個時刻是由心靈自己決定的，不是靠別人教它的。

能夠「決定」何時才要憶起天父與聖子一體生命的，當然是抉擇者，然而，這一部分的心靈本身卻存在於時間之外。耶穌只教我們如何清除障礙，恢復這一記憶，因為超過這個領域，是無可傳授的。唯有自己領受救贖，相信「分裂不曾發生過」，天父與聖子的一體心境才會在我們心內露出曙光。既然所有的時間都發生在形上領域的一瞬（其實從實相而論，它從未發生過）（M-2.2:6~8），時間當然也可能在當下那一瞬間化解掉。那麼，為什麼我們尚未經驗到那一瞬？只因非時空的抉擇者至今尚未作出這個決定而已。

我們不妨想像一下，有個影像資料庫，保存了無限多個小我的視頻，同時也保存無限多改寫小我劇情的視頻；前者演的是小我的罪咎悲劇，後者演的是聖靈如何用寬恕化解罪咎的喜劇。當耶穌說「劇本已經寫定了」（W-158.4:3），不妨把寫定的「劇本」想成那個保存這兩類視頻的資料庫，抉擇者想看什麼劇本，全憑他自己決定。

聖靈的資料庫裡充滿了「領受救贖」的視頻，我們何時準備和這個真理認同，完全操之於我們自己。《奇蹟課程》為了幫助我們節省時間，讓我們少走一些冤枉路，苦口婆心地叮嚀：只有一種選擇能夠帶來幸福。大家應該還記得「奇蹟的目的就是幫我們節省時間」這一說法：

> 奇蹟把時間的需求降到了最低的程度。……奇蹟足以取代千百年的學習過程。……奇蹟之所以能幫你縮減時間，在於它有摧毀時間的能力，故能為你消除某些人生劫數。（T-1.II.6:1,7,9）

(3:1~3) **時辰已經註定了。這話聽起來相當突兀。然而，每個人在人生道路上踏出的每一步，沒有一步是偶然的。**

換句話說，人間沒有偶然的事。我們會在何時領受自己的救贖，連這個選擇也早已存在心靈的資料庫了，所有妄念與正念的視頻都存在其中：

> 上主賜給你一位聖師，取代你自己找來的老師，但不會與它衝突。凡是這位聖師想要取代之物，必然早已取代了。時間在你心中其實僅僅存在了一個剎那，它對永恆毫無影響。過去所有的時間也起不了任何作用，一切依舊是這不知所終的旅程出現以前的本然狀態。在造出第一個錯誤以及由此孳生一切錯誤的那個剎那裡，就已含有第一個錯誤及其後一切錯誤所需的

> 「修正」。因此，在那一剎那，時間其實已過去了，因為它只有那一點兒能耐。凡是上主答覆過的問題，必然解決了，而且已經過去了。（T-26.V.3）

我曾多次解釋過，耶穌並不是說上主已經為我們指定了某一個劇本，而是所有的經歷都出於我們**自己**的計畫、**自己**的選擇；不是選擇小我，就是選擇聖靈，僅此而已。

(3:4) **即使他還未正式上路，其實那條路他早已走過了。**

前半句暗示著「一切都已發生而且已經結束」的觀點。〈正文〉說得更直截了當，就是：「這個世界早已過去了。」（T-28.I.1:6）事實上，我們已然邁出了那一步，接受了那一真理。「即使他還未正式上路」，意味著我們繼續選擇了沉睡，夢見自己活在人間。下面這一段話，我們早已耳熟能詳了：

> 你正安居於上主的家園，只是在作一個放逐之夢而已；你隨時可以覺醒於真相的。（T-10.I.2:1）

(3:5~7) **只因時間看起來好似單向進行的。其實，我們所踏上的是一條早已結束的旅程。只是看起來好似還有一個不可知的未來而已。**

在線性時間觀下，我們會認為自己的心靈旅程鋪排著過去、現在和未來，最後才能返回天鄉。然而，《奇蹟課程》屢屢告訴我們，這個旅程早已結束了；或者不如說，**根本沒有「旅程」這一回事！**問題在於我們仍懷著「我真的活在這裡」

那種幻覺，並且把時空幻相當真，罪和咎的夢境於焉拉開帷幕。正因如此，耶穌才會一次又一次提醒我們：這一切都不是真的。下面這段〈正文〉用「消失的地毯」來比喻這個旅程的虛幻：

> 你不妨這樣想：你是在永恆境界裡清白無罪，而非時空世界。你過去確實「犯了罪」，問題是「過去」根本不存在。「永遠如此」之境哪有方向或座標？時間只是看起來朝著某一方向推進，但當你抵達盡頭時，過去的時間會像你身後那條漫長的地毯，瞬間捲起而消失於無形。只要你相信上主之子是有罪的，表示你仍在這地毯上徘徊，並且相信它正一步一步地將你導向死亡。這旅程顯得如此無情、漫長又了無意義；它確實如此。（T-13.I.3:2~7）

走在時間地毯上的我們，意識不到自己的人生只是一種幻覺，不知自己來自何處，身在何處，或走向何方？這種旅程不可能不令人感到「無情、漫長又了無意義」的。

(4:1) 時間只是一種把戲，一種巧妙的手法，一個場面盛大的幻相，臺上人物來來去去，好像魔術表演一樣。

時空世界不過是小我想讓我們相信自己已和上主分裂的詭計，進而相信所有的問題都來自外在世界，與自己的心靈沒有任何關係。上面那段課文令我們想起先前引用多次的〈正文〉

一小段值得再三吟味的話語：

> 如果你認清了這世界只是一個錯覺妄想，你會如何？如果你終於了解這世界是你自己一手打造的，你會如何？如果你真正明白了，在世上來來去去的那些會犯罪、死亡、攻擊、謀害，最後一死了之的芸芸眾生，都不是真的，你又將如何？（T-20.VIII.7:3~5）

(4:2~3) **然而，在這人生假相之下，藏有一個永恆不變的計畫。劇本已經寫定了。**

這個「計畫」，當然是指救贖計畫。「劇本已經寫定」，意味著小我思想體系和聖靈的修正劇本已經同時出現。再提醒一次，從實相角度來講，我們始終存在於時空之外，俯視著身體打造的人間戰場而已。

(4:4) **某個經驗何時會來終結你所有的懷疑，早已註定。**

「早已註定」之說，是指我們「接受救贖」的視頻早就存在了，只等著我們選擇重溫此夢而已。我們繼續讀下去：

(4:5) **我們只是在旅途的終點回首整個旅程，假想自己再走一趟，在腦海裡重溫一遍陳年往事而已。**

想像一下，我們坐在電影院裡，看著自己的一生展現於眼前，卻忘了自己身在觀眾席。如同我們在電影院看得入神，不自覺地對劇中人物的處境感同身受，完全失去了自己的現實感，忘了自己只是在看一個虛構的故事。此時的我們已經忘了自己在**觀看**演出，而**變成**了劇中的主角，否則我們怎麼會跟著劇情時而哭時而笑，替劇中人物緊張、悲傷或興奮不已。當然，看戲和現實的不同之處，即是電影結束後，我們恢復了意識，很快回歸現實；但在現實人生的大幻劇場裡，我們已經全然融入劇情，再也回不來了。上面那一段引言再度敲醒我們，我們真的只是在觀看一段已經發生的故事而已。為此之故，唯有抉擇者和耶穌一起坐在觀眾席，我們這些觀者才不會動輒就被劇情拉著胡亂轉。

接著，我們再回到慧見的主題：

(5:1~3) **老師無法給人經驗，因為那並非學習來的。那經驗會在註定的時刻親自啟示給他。但是，慧見卻是他擁有的禮物。**

從文字表面來看，那種經驗好似要等上主、聖靈或耶穌啟示給我們；事實上，那個愛始終與我們同在，而我們是否要憶起這個愛，完全操之於自己。我們何時願意憶起自己是愛中創造出來的生命，那就是我們的「註定時刻」。我們何時作此決定，何時就會經驗到這個愛；只是這個經驗，我們無法送給任何人。有不少靈修宗派或靈性導師宣稱能讓你經驗到上主的愛，《奇蹟課程》卻從來不說這種話。我們「最多」只能以身作則，向他人示範：「你也可以作出我在神聖一刻所作的選擇。」這就是慧見的內涵，而也唯有寬恕能生出這種慧見。當寬恕的慧眼能夠包容一切時，小我整套的思想體系當下就瓦解了，我們內心便恢復了自性的記憶，憶起上主在創造之初賜予我們的愛。

(5:4~6) **這是他可以直接給人的，因他從未失落過基督的真知；正因這是基督自己的慧見，故能隨時賜給向祂祈求的人。天父和基督的旨意便在真知中結合了。這也是聖靈的慧見，因那正是基督之心的眼界。**

本課和前一課一樣，把基督和聖靈當作同義詞，因為祂們在作用或任務上毫無差別。若按照《奇蹟課程》的神學觀點，基督屬於天堂之境，對世界一無所知。從上面的引言來看，可見耶穌對**基督**一詞的用法並不嚴謹，他甚至還用「基督的面容」來象徵寬恕——我們都知道基督是沒有面容的。同理，基督其實也沒有慧見可言，故知此處指的是聖靈的正知見。在《奇蹟課程》中，基督有時也負有聖靈的雙重任務，一腳踩在天堂的真知之境，另一腳踏入夢中的知見世界（T-6.II.7）；藉此，慧見才化解得了分裂和罪的知見，因為它們都不曾發生過。我們再來讀一段〈正文〉，但這次角色回到了「聖靈」，而非「基督」，耶穌把「信仰、信念與慧見」並列為聖靈的「工具」。畢竟，我們總得先信得過聖靈，才可能**接受**祂所傳遞的真理吧！

> 信仰、信念與慧見，都是助你達成神聖目標的工具。聖靈有賴它們的助力來領你進入真實世界，脫離你所信仰的虛幻世界。這是祂為你指出的方向，祂眼中也

> 只有這一目標。當你徘徊於歧路時，祂會用這唯一的目標來提醒你。祂的信仰、信念和慧見都是為你而準備的。等你全盤接下祂的禮物、放下你自己的一套之後，你就無需再仰賴它們了。因為信仰、信念和慧見只有在你抵達千古不易之境以前才有意義。天堂對它們一無所知。然而，若要抵達天堂，你又非靠它們不可。（T-21.III.4）

(6:1) 充滿懷疑及陰影的世界就在這兒與那無形無相的世界結合了。

「無形無相的世界」自然是指聖靈的境界，祂代表的救贖原則，存在於夢境之外。「充滿懷疑及陰影的世界」，則是指小我的妄念思想體系，當我們將它交給聖靈的思想體系，全然化解之後，即是真實世界的到來。〈正文〉對這個境界有一段極美的描述：

> 這光明的世界，燦爛的天地，才是真實世界，也才是罪咎與寬恕的交會點。你若由此向外瞻望，世界顯得煥然一新，毫無罪咎的陰影。在此，你已被寬恕，只因在此，你已寬恕了每一個人。新的知見由此而生，你會看到萬物閃爍著純潔無罪的光輝，因為它們已被寬恕的清泉洗淨，滌除你投射其上的一切邪念。在此，上主之子不會受到攻擊，反而處處受歡迎。（T-18.IX.9:1~5）

(6:2) **這就是被寬恕與愛所聖化的人間淨土。**

知見一旦獲得修正，小我隨之化解，人間也變成了淨土：

> 切莫小看了寬恕獻於天堂門口的奇蹟。上主之子會親自前來接收每一份禮物，拉近他與家鄉的距離。一個奇蹟都不會白費的，但也不會有任何一個奇蹟比另一個奇蹟更珍貴。每一個奇蹟都能幫他憶起天父的愛。每一個都會教他看出，他原先害怕的其實是他的最愛。（T-26.IV.4:1~5）

(6:3~7) **所有的衝突在此和解，因這兒乃是旅程的終點。那無法學習、無法傳授又前所未見的經驗，已歷歷在目。它超越我們的目標之上，因為那境界不是我們修出來的。我們的焦點應放在基督的慧見上。這才是我們能力所及的範圍。**

請記得，《奇蹟課程》的宗旨僅僅是帶領我們到真實世界（或天堂）的門口，我們的旅程至此到達了終點。但仍非上主的終極之境，因為真實世界仍屬知見世界的層次，無法臻於真愛的境界。然則，《課程》唯一的目標就是教導我們用寬恕來架空世界，若從這個角度來講，寬恕就是基督慧見，因為寬恕之念反映了「聖子不曾離開過天父源頭」的救贖聖念。因此，我們不該夢想自己能夠直接證入「你和我是一個生命」，而應退而求其次，逐漸領會你和我具有同樣的需求與同一個目標。這種慧見教我們看出，你我除了表面的差異之外，毫無不同之處。換句話說，在形式層次離間我們的表面差異，乃是小我的圈套，要我們接受分裂的現實，相信合一只是不切實際的夢想。正因如此，《奇蹟課程》才會三番二次地耳提面命：我們全是為了學習同一個寬恕功課而來到人間的。唯有堅信上主與基督的一體生命即是實相，才會了知我們在世上看到的種種分別相只是小我打造的幻境；實則，我們都是為同一目的來到人間的。凡是能幫助我們意識到這一點的，均可視為天堂一體真相的倒影。

(7:1~2) **基督的慧見只有一條法則。就是它絕不著眼於身體，也不會把身體誤認為上主創造的聖子。**

再說一次，這並不是說我們應該否認身體。耶穌只要我們少聽小我對身體的詮釋就夠了，因為小我的詮釋只會助長我們的特殊性，進一步強化聖子的分裂狀態。可還記得〈正文〉這一段話；

> 救恩並非只准你著眼於靈性而不看身體。它只願你明白你是有選擇的。你無需任何協助就能一眼看見身體，但對身體之外的世界你卻如此無知。救恩的目的就是化解你的世界，好讓你看到超乎肉眼的另一世界。（T-31.VI.3:1~4）

言下之意，當我面對身體時，只需撤回自己過去賦予它的各種能耐，不再視之為快樂或痛苦的泉源，明白它不過反映自己內心的想法而已。準此而言，你的形體若在我眼中呈現出有罪模樣，表示我已經把心內隱藏的罪念投射到你身上去了。幸好，我們還有學習的餘地，只要我們甘心撤除這一記憶的心障，我們仍然能夠體驗到那超乎慧見的真愛。

(7:3) **它看到的是超乎身體的光明，超乎一切形相的理念；它所見到的純淨本質，遠非錯誤、瑕疵，甚至罪之夢魘裡的可怕罪咎所能污染。**

　　問題就出在原初那一刻，當心靈冒出小小瘋狂之念時，我們聽信了小我的詮釋，而拒絕了聖靈的詮釋。同樣的問題發生在現實的人生大夢裡，我們對小我的詮釋仍舊言聽計從，還寄望身體能夠滿全我們的願望，也就是建立特殊之恨和特殊之愛。恨的特殊關係企圖保住自己的清白無罪，讓對方充當代罪羔羊，愛的特殊關係則要求對方彌補上主虧欠我們的愛。無論是特殊的恨或特殊的愛，身體都成了對方有罪的鐵證，應當加以批判或攻擊。除非我們學會改用耶穌的目光，才能越過罪證昭彰的**表相**，在對方陰暗的**表相**上看到**內涵**層次的光明呼喚。

> 但願你能看清，使你意識不到自己與弟兄本來一體的那個障礙，真的不算什麼。不要被幻相的大小形狀、厚度重量，以及看似堅固無比的基石蒙騙了。這具身體在肉眼之下確實顯得龐大堅固，穩如泰山。然而，你內卻有一股神聖能量，遠非任何幻相所能敵。這具身體只是看起來穩固無比，然而，在真相內，真正所向披靡的是你內在的神聖能量。兩者一旦交鋒，會有

> 什麼結局？那狀似穩如泰山的幻相能撐多久？你那神聖能量必會無聲無息地穿越它而去。（T-22.V.5）

這段話再次提醒我們，無需否定有關身體的一切，只要把它當成學習的教室，就成了選擇新老師的良機。這位老師遲早會讓我們看清，自己的一生經歷原來只是反映出自己內在的某個選擇或決定罷了。

(7:4~5) 在它眼中沒有分裂的生命。它是以永不失色的光明看著每一個人、每一境遇、每一件事。

在基督慧見的光照下，我們會意識到根本沒有個別利益這一回事，沒有人能夠藉由犧牲別人來滿足自己。請留意「在它眼中沒有分裂的生命」這一句話，並非說，有了基督慧眼，肉眼就看不見世界與身體了；我們仍然會看到那些形象，只是在新老師的眼中，他們有了不同的意義而已。表示我們不再接受小我對眼前世界的詮釋（橫豎都離不開特殊性），下定決心聽從聖靈的慧見，明白了所有人都在同一條路上，朝著同一目標前進。不論每個人的旅程看起來多麼不同，凡是來到世上的人，**全都**相信了小我的謊言，也**全都**渴望有人能夠指出自己的錯誤。下面的引言，乃是海倫在聖誕與新年期間筆錄下來的，耶穌為我們獻上禱詞，祈願新年開始之際我們能夠從分裂轉向一體之境：

> 〔時辰到了，〕新的一年會在這一聖誕佳節由基督的

時辰誕生。……你會向你的弟兄這樣說：

我把你當作自己的一部分，交託給聖靈。我知道你終會得到解脫，只要我不利用你來囚禁我自己。為了我的自由之故，我決心釋放你，因為我已明白，我們只能同時釋放，同獲自由。

讓我們以「同等」的心對待一切，而使這一年有所「不同」。讓你所有的關係都轉化為神聖關係。（T-15.XI.10:1,4~7;11~12）

(8:1) **這是可以教人的，也是所有追求慧見的人必須教人的。**

這句話又將我們帶回本課的主題「我要學習給出自己領受的一切」。好比說，我們若真想學習寬恕，就得老老實實地實踐寬恕。倘若我們心懷不滿，心煩意亂，或是期待別人拯救，無異於表態自己並不想學這功課，因為我們拒絕接受這個功課所含攝的內涵。要知道，寬恕的先決條件是我們終於明白了，特殊性與個體性絕非我們想像中那樣美好，它們根本就空洞無比。這跟耶穌要我們向他人示範的奇蹟理念「教與學是同一回事」，是一樣的道理：

稱職的教師不只能夠傳道解惑，還會在教學之際鞏固所傳的觀念。老師與學生的學習過程其實是一樣的。他們都在學習的階段，除非雙方確有共修的意願，否則他所教的會缺乏說服力。（T-4.I.1~3）

> 教與學的角色在世俗的觀念中，其實被顛倒了。……本課程所強調的卻是：教就是學，老師與學生其實是互為師生。教人，其實就是以身作則。……別人會從你的表率中耳濡目染，你也不例外。……除了你自己以外，你無法給人任何東西，你會從教的經驗裡明白這一事實。（M-in.1:1,5;2:1,3,6）

有一點，我們必須明白，特殊性之念本身問題並不大，問題發生在作出這一決定的心靈，因為抉擇者仍在抵制耶穌的教誨，設法證明自己是對的。不論我們認為世界是個無藥可救的地獄或是令人嚮往的天堂，都是在和耶穌唱反調，因為天堂或地獄不過是小我兩個不同的面向而已。我們在第一百五十五課已經討論過這一點了。

(8:2) **若想獲此慧見，他必須明白兩件事：人間任何禮物無一足以和慧見相提並論，而且世界自訂的目標只要一碰到慧見就會銷聲匿跡。**

換句話說，我們應時時刻刻意識到「世上沒有一物能比耶穌慧見帶來更大的幸福」。請不要把這句話當成抽象的觀念，耶穌要我們把這個觀念落實到具體的生活現實；而所謂的「慧見」，就是把別人的需求視為自己的需求，並且十分警覺，避免掉入特殊之愛或特殊之恨的陷阱，否則就表示我們還在抵制課程的教誨，一心只想證明自己的看法才是對的。

(8:3~4) **這就是你今天要給的禮物：不再把任何人看成一具身體。尊他為上主之子，並且接受「他在神聖之境中與你原是同一生命」這一事實。**

我們先前已經解釋過，所謂「看成一具身體」，關鍵不在身體，而是留意小我對身體的詮釋。耶穌要我們透過他的目光去看，別再著眼於「任何人」有罪的身體，而應著眼於「弟兄的無罪本質」：

> 聖靈要你在明亮的天光下，用祂的慧眼去看弟兄的無罪本質，而且與祂一起慶祝他的真相。凡是真心渴望平安、誠心以聖靈目的為志，且與聖靈同心致力於救恩的人，必然得享平安。為此，心甘情願地著眼於弟兄的無罪本質吧，基督便會出現於你的慧見中，以喜樂充滿你的心。別再重視弟兄的身體了，他就是因這具身體而淪為幻相的。（T-20.VIII.3:1~4）

下一段話可說是針對第一條奇蹟原則「奇蹟沒有難易之分」而發揮的，所有的問題都是同一回事，因為它們源自同一念頭。正如同耶穌在第七十九課和八十課強調的觀念：只有一個問題，就是分裂；也只有一個解決方案，就是救贖。

(9:1~3) **他的罪就這樣被寬恕了，因基督的慧見具有罔顧一切罪惡的能力。罪就在祂的寬恕下消失了。祂既然看不見罪，罪只好遁形，而藏身其後的神聖慧見便會即刻取而代之。**

耶穌這樣說，並不意味著物質世界就此消逝了，他要說的是：只要不認同小我的分裂思想體系，我們就不會經驗到罪咎懼的世界；一旦與正念認同，在那神聖一刻，身體等於不存在了，即使肉眼仍會看到身體，但「能看」的「你」業已不存在，因為你已跨出夢境了。這時，你的存在成了耶穌之愛的象徵，它和人間的愛不可同日而語。於是，從分裂信念中衍生出來的一切問題全都煙消雲散了。當我們透過聖靈而與上主合一時，分裂的罪名自然無法成立。既然我們心目中的問題全都源自分裂，而如今，我們已非先前的分裂之我，在這神聖一刻，還有什麼問題？哪有什麼罪過？在這神聖一刻，整個世界便與我們一起獲得了療癒。

(9:4~6) **不論罪惡如何變化多端，看起來多麼罪大惡極，或是彷彿真的傷害了某人，全都無關緊要。它們已不復存在。它外表導致的後遺症，也會隨之消逝、一併化解，再也無法滋生事端了。**

有形世界發生的問題，外表上不論顯得多痛苦或多幸福，都無足輕重了，世界就在我們跨出夢境的那一刻消失了。它的原理其實很簡單，耶穌的邏輯是：

> 理性會告訴你，錯誤的表相並非錯誤的癥結所在。如果它的外形只是為了掩飾錯誤，說明表相本身並沒有阻礙修正的能力。肉眼只能看到外在形相，它是為了什麼目的而造的，它就無法超越這一限度。肉眼是

為了看見錯誤而造的，不是為了看穿表相。這種認知能力確實怪異，它僅看得見幻相，卻穿越不了罪的銅牆鐵壁，只好駐足於虛無表相前喟然生歎。在這種病態的目光下，外在一切都成了擋在你和真相之間的高牆，而且顯得真實無比。縱然那銅牆鐵壁只是虛有其表，但你的視線一旦被它擋住，怎麼可能看得真切？它必會被表相蒙蔽，因為那些表相正是為了確保你看不到真相而造的。（T-22.III.5）

在形式層次的夢境裡，快樂與痛苦都顯得真實無比。一旦從夢中醒來，夢中人物就不存在了。這道理唯有在基督慧見下才可能了解。當我們完全與基督慧見認同時，表示我們已經進入了真實世界。那種心靈境界和神聖一刻並不全然相同，神聖一刻的心靈仍然會起伏動盪，寬恕時心中還會生出恐懼，一不留神，就會掉入小我的「不」神聖一刻。

(10) 你就是這樣學會給出自己領受的一切的。基督的慧見也因此臨幸於你了。這一課一點兒都不難學，只要你記得，你在弟兄身上看到的不過是自己而已。他若在罪中迷失了，你必然也迷失了；你若在他內看見光明，你就已寬恕了自己的罪過。你今天所遇到的每個弟兄，都會給你一個新機會，讓基督的慧見光照你的心靈，賜你上主的平安。

耶穌好似在說：「這麼簡單的道理，為什麼你總是記不住，真是不可思議！」因為只要能夠意識到，自己針對任何一人的判斷，都是在對自己的判斷，而且會令自己失去天國，如此，我們自然不敢隨便評斷了。然而道高一尺，魔高一丈，小我使出它的致命武器——失憶症，讓我們徹底遺忘我們原是同一個生命。正因如此，耶穌才提醒我們，我們如何看待他人，如何與對方互動，其實不折不扣地反映出自己內在是如何看待自己的；同樣的，我們若清楚意識到自己每次發怒，不論大小輕重，都表示自己存心與愛一刀兩斷，我們大概就不會輕易攻擊人了。為此，我們才需要這一部課程以及一位良師，一針見血地揭發我們不能不評判他人的原因：我們對真愛的恐懼，因為真愛一出現，我們的獨特性和存在感頓時失去了立足之地。

我們需要隨時意識到，我對別人的感受和對自己的感受兩者是唇齒相依的，同時也要當心欠缺這種意識而引發的後遺症，這一點非常重要。我只要把別人當成一個不同的生命，等於聲明自己是對的，而否定了上主的真理。尤有甚者，我尚且不在乎自己會為此承受多大的苦，因為愈苦愈能證明我是受害者。因此，今天，耶穌要我們特別留意自己對某人或某事的反應，然後想想此刻該作何反應，才有助於幫自己想起內心設法遺忘的那個決定。由此可見，我們多麼需要世界這個教室，因它給了我們一個機會與耶穌重建關係。耶穌如此開導我們：「你和那人的關係直接反映出你和我的關係。如果你和那人一體同心、毫無芥蒂的話，表示你和我之間也沒有任何問題。反之，你若把弟兄視為不同的人，不是想在他身上得到什麼就是嫌他什麼，那你就該警覺——骨子裡你想和我以及上主分裂的念頭又在作祟了。」

(11:1~2) **啟示何時來臨，並不重要，因那已超乎時間領域之上。然而，時間還能給人一個禮物，即是：道地的真知能極其精準地反映在時間領域內，連它的倒影都能分享前所未見的神聖本質，閃耀著不朽的愛。**

言下之意，我們無需操心上主的事，也無需在天堂、真理或愛上頭費盡心思，而應聚焦於「看清楚自己在夢裡的經歷」。也就是說，我們若把夢中一切過於當真，等於送給小我一份「大禮」；反之，我們若在耶穌的教導下，看清世界並非監獄，而是一個有情的教室，它會溫柔地送我們回家，這才算是給自己的「大禮」。耶穌在論及上主之師的十個人格特質那一節的最後，也有類似的提醒。他說，實相或本質層面的事，不勞我們操心：

> 你也許已經注意到了，上主之師的特質表中並沒有列出上主之子的天賦本質。例如愛、無罪、完美、真知以及永恆的真理等詞都不曾出現於上下文中。因為它們在此會顯得格格不入。出自上主恩賜的生命本質，遠超乎本課程的範圍之上，任何課程到它面前只有悄然遁形一途。（M-4.X.3:1~4）

耶穌等於告訴我們：「少在真理方面耗費心神，多注意一下你當初為了驅逐愛而打造出來的這個世界。如今，它是你的寬恕教室，供你學習接受上主賜你的禮物——永恆不朽的愛。」

(11:3~4) **今天，我們就要練習用基督的眼光去看。因著我們給出的神聖禮物，基督的慧見也會同樣地臨幸於我們。**

每一天，我們只有一個目標，就是加強我們對慧見的渴望，老實操練自己存心遺忘的功課。現在，我要引用海倫的詩〈寧靜的夢〉最後兩小節來結束本課。它是在表達耶穌所給的平安，足以將我們領回天父的愛中。請看，海倫把基督慧見描繪得如此美麗生動：

一道光明輕覆在世界上，
代表基督對它的審判，
沒有一絲定罪的意味，
因世界在祂眼中全然無罪。

那一道光發自基督的聖容，
祂的慧眼所及之處，
天父的愛歷歷在目，
這美麗的畫面喚醒了基督的記憶。

基督慧見臨幸的世界，
邪惡的足跡不復可循；
在祂如此聖善的光明下，

還有什麼足以令人心悸？

還有什麼讓我相信：

痛苦是我咎由自取，死亡乃是必然的宿命？

請幫助我寬恕這個世界，

我在寬恕中得到的平安，

是祢給我的最大禮物。

——《天恩詩集 / 暫譯》P.65

第一百五十九課

我要給出自己領受的奇蹟

耶穌延續前一課的主旨，繼續重申「施與受」的一體本質，以及它和基督慧見的鏡相關係；由此，進一步探索真實世界的內涵。

(1:1~2) **沒有人能夠給出自己尚未得到的東西。要給出一樣東西，自己必須先擁有。**

根據投射法則，如果我從自己的小我接收到罪咎，我能給出的也只可能是罪咎；相反的，如果我接收的是聖靈的愛（應該說是愛的倒影），那麼我也只會給出愛。這就是推恩法則，不論是推恩愛或投射咎，原理是一致的：我必須先擁有，才可能給出；而我所給出的，就反映出那是我接收到的。

(1:3~6) **天堂及人間世界都同意這一法則。但也就是在這一點上，兩者分道揚鑣。世界相信，若要擁有一樣東西，必須緊抓**

不放。救恩所教的恰恰相反。

在世界上，給予和接受是兩碼子事，誠如**第四條無明法則**所說：「你知道自己擁有的全都是奪取來的。」（T-23.II.9:3）既然我已從你那裡將它奪走，你便不可能繼續擁有；事實上，我的掠奪（這本身即是一種攻擊），只是再次重演我在原初對自己的無情打擊罷了。總之，小我的施與受是建立在分裂的前提，而聖靈的施與受則是建立在救贖原則上。

(1:7~8) **只有給出去，你才會認清自己已經得到了。唯有如此，才能證明你所擁有之物真的屬你所有。**

換句話說，若想看出我究竟為自己作了什麼選擇，只需看看我到底給了別人什麼——是小我的恐懼，還是聖靈的愛？我給出的若是衝突或罪咎，表示我的心靈已選擇了小我，我內心接收到的也只會是衝突與罪咎，一切都出於自己的選擇。我若對人表露出溫柔、良善、喜悅及寬容，則表示那是我決心要接收的禮物。下面這一段話為「投射形成知見」的觀念作了最貼切的詮釋。

> 你判定自己是遭受天譴的人，並且將這觀念投射到世界去。世界在你眼中若遭受天譴，你在世上自然只會看到自己對上主之子所造成的傷害。你的眼光若放在天災人禍上頭，表示你存心把他釘上十字架。你的眼光若置於神聖與希望上，則表示你已加入了上主旨

意，放弟兄自由。除此兩者，你沒有其他的選擇。你若選擇其中一方，就會看到這一方的見證，並從中認出自己所作的選擇。你所見到的世界不過反映出你允許自己看到多少喜悅、接受多少喜悅而已。如果這就是世界存在的意義，那麼，帶給世界喜悅的能力必在你內無疑。（T-21.in.2）

總之，不論我們接收到的是詛咒或寬恕，是災難或喜悅，全都取決於心靈的選擇。這個原則極其關鍵，故耶穌不厭其煩地繼續發揮下去：

(2) 當你治癒他人時，才會明白自己已經痊癒了。當你寬恕他人時，你才會接納你在自己身上完成的寬恕。認出弟兄就是你自己，你才可能看出自己的生命終於完整了。你能帶給人任何奇蹟，因上天已把這一切賜給了你。現在就接受它們吧！開啟你內心的寶庫，所有的奇蹟都在那兒，等著你把它們分施出去。

聖靈乃是一切奇蹟的源頭，祂就臨在我們心內，只要我們有心改變先前的錯誤決定，感恩地向耶穌承認，他那一套才是對的，自己徹頭徹尾搞錯了，聖靈的寶庫便會霎時開啟，奇蹟便會接踵而至。這才表示我們真的相信「寬恕是幸福的關鍵」（W-121），而且甘心「把你弟兄的療癒視為自己的療癒」（T-12.II.2:9）。這正是憶起上主的唯一途徑。

(3:1~2) **基督的慧見就是奇蹟。它來自一個遠超乎自身的境界，因它所反映的乃是永恆的聖愛，以及生生不已、永世不朽，卻塵封已久的愛。**

「永恆的聖愛」那一念早已透過聖靈而臨在我們心內，它正等著我們選擇寬恕的奇蹟，天堂的愛才可能反映於人間。

(3:3) **基督的慧見會為你勾勒出天堂的景象，因祂眼中的世界與天堂如此肖似，足以反映出上主的圓滿造化。**

這段話是在說真實世界。真實世界並非天堂，它只是天堂的一個倒影而已。若要進入真實世界，首先得領受救贖，且置身於夢境之外，內心了了分明，世上發生的一切和內心營造的世界，全都同等的虛幻。耶穌不但教導我們將判斷和悲哀的噩夢轉換成聖靈的幸福美夢，同時還提醒我們不要操之過急，對自己要有耐心一點，才可能體驗到平安與愛：

> 你必須先夢到平安，才有機會覺醒於平安。你必須把自己妄造之物轉換為真心想要之物，也就是把噩夢轉換成愛的美夢。真實知見方能由此生出，因為聖靈為你修正夢中世界時，也一併修正了所有的知見。……愛等待的不是時間，它在等著你的歡迎信號；而真實世界不過反映出你終於歡迎那個始終如是的境界。那是喜悅的召喚；而你的欣然答覆也顯示出你開始覺醒於自己從未失落的生命真相了。（T-13.VII.9:1~3,7~8）

(3:4~5) **透過世界的墨鏡，你只會看到支離破碎而且扭曲了的人間魅影。真實世界才能向你顯示出天堂的純潔無罪。**

我們的世界之所以支離破碎，全是源自罪與咎的分裂之念。到了真實世界，罪咎之念無法侵入心內，我們才可能體驗到我們全都是上主的唯一聖子，充滿光明，小我的陰暗夢境對它一無所能。我們先看一段聖保羅家喻戶曉的經文：

> 我們如今彷彿對著鏡子觀看，模糊不清，到那時就要面對面了。我如今所知道的有限，到那時就全知道，如同主知道我一樣。（〈哥林多前書〉13:12）

〈正文〉第四章有一段話援引了上述這段經文裡「鏡子」的寓意：

> 你千方百計想要挽救小我的面子，根本無心尋求基督的聖容。小我寧可從陰暗的鏡子裡去看自己的面容。因為只有在這類鏡子中，小我才能繼續玩弄它的存在把戲。至於你想由哪面鏡子去看自己，完全操之於你。（T-4.IV.1:5~8）

唯有意識到我們的共同福祉，反映出基督的一體生命，自性的光明才可能穿透分裂小我的陰暗鏡子。

(4:1~3) **所有的奇蹟都是從基督慧見這一奇蹟中誕生的。它是一切奇蹟的源頭，寄身於你給出的每個奇蹟中，而它始終屬你**

所有。它有一種結合力，使施者與受者藉著推恩，在人間合而為一，有如在天堂一樣。

在人間，如果我們給出反映天堂之愛的奇蹟，等於重申了愛始終存於我們心內的事實。所謂「藉著推恩，在人間合而為一」，意味著我們願與世上所有人分享寬恕，它是慧見的唯一目的，反映出上主的唯一旨意。海倫有一首小詩〈基督的聖念〉是這麼寫的：

守住基督安置於你心內的聖念吧！
這聖念隨你來到人間，
賦予了你此生的所有意義。
你的唯一任務就是尋獲此念，
在人間所有願望中認出它來，
並且知道，那才是你衷心所願；
唯它反映出了上主的旨意，
那正是你的旨意。
在你領悟這真相之前，
何妨接受基督的聖念，充當自己的心願。

——《天恩詩集 / 暫譯》P.19

而基督的聖念，唯有透過「給即是受」的奇蹟，方能在世上展現它的意義。

(4:4~6) **基督不會在任何人身上看到罪的蹤影。在祂眼中，那**

些清白無罪的人都屬於同一個生命。他們的神聖性乃是出自天父及基督的恩賜。

「清白無罪的人都屬於同一個生命」，因他們享有同一目的。不過，這兒指的並非終極的一體境界，而是因為「基督不會在任何人身上看到罪的蹤影」，一舉修正了那「只會在所有人著眼於罪」的小我思想體系。每當我們想怪罪某人時，不論他在你眼中是怎麼樣的惡人，都表示我不只把他人的罪當真，同時也把自己的罪弄假成真了。我們必須意識到，把罪當真乃是出於自己的決定，但這並不表示我們生來就是邪惡之人。只因我們太害怕上主的愛了，才會用歸咎他人的手法把愛推走。為此，我們每日的操練重點乃是提高警覺：今天恐懼在內心作祟了幾次，表示我有了幾次重新選擇的機會。責怪別人，稱不上是什麼罪過，不過是犯了一個小錯，只要記得這錯誤絕不會帶給你任何好處就行了。讓我們重溫下面這一小段撫慰人心的話：

> 上主之子，你並沒有犯罪，你只是犯了不少的錯誤。（T-10.V.6:1）

(5:1) **基督的慧見成了兩個世界間的橋樑。**

基督慧見就是架在小我的分裂世界和真實世界之間的橋樑。在此，「基督的慧見」是指我們每天的寬恕操練，唯有寬恕足以轉變我們的認同，不再著眼於追求欲樂的夢中之我，而逐漸與夢境之外始終幸福的我認同。如何才能促進這一過程？即是不再企圖從特殊關係中尋求滿足，轉而將關係中的那些人視為寬恕的管道。這類知見上的轉變，成了我們回歸天鄉的必經橋樑。

> 從真相的角度來看，橋樑只代表了一種過渡階段。你在此岸所見的一切，都極盡扭曲之能事而徹底失真了。原本微不足道的被誇大了，原本真實有力的，卻被貶成渺小卑微。……那個思想座標就是繞著特殊關係而建立的。這個幻相一除，你就再也不會想在這兒追尋你心目中的意義了。（T-16.VI.7:1~3,6~7）

(5:2~4) **你能安心地信賴它的力量，它會領你由這個世界進入那個已受寬恕聖化了的世界。在人間顯得十分實在的東西，一到那兒變得好似魅影，透明空洞，似有非有，常遭人遺忘，它絕對遮掩不了照耀其上的光明的。於是慧見再度定睛於神聖本體，盲者終於重見光明。**

一旦進入真實世界，我們便會意識到人間的一切僅僅是一個徹底虛妄之念所投下的一道陰影。但對世界而言，萬物顯得堅實無比，而身體則是痛苦和快樂的具體源頭。然而，只要由夢境抽身，世界與人物都露出了他們的真實面目——分裂夢境裡的一個個魅影而已。於是，所有的分別判斷再也站不住腳，寬恕之光便會照亮我們的弟兄和自己：

> 如今，失明的人重新看到了光明，因為他們讚美造物主的頌歌其實是在讚美自己。他們自己造成的盲目，抵不住這首老歌所勾起的回憶。只要他們肯張開自己的慧眼，便會憶起他們所歌頌的上主之子的真相。所謂奇蹟，不正是這個記憶嗎？有誰心內沒有這個記憶？一個人心中的光明足以喚醒所有人的記憶。你只要能在一位弟兄身上看見光明，就等於為所有的人憶起了生命真相。（T-21.I.10）

話說回來，只要我們還意識到自己的眼睛正在閱讀這段文字，企圖用大腦理解文中的含意，上面那種說法就會顯得十分荒謬；因為我們照樣從身體的層次出發（這幾乎是難免的），那一番話怎麼可能具有意義？除非我們學會不再像以前那樣把每一件事都當真，那一番話才有振聾啟聵的大能。我們只需鍥而不捨地操練《課程》，過去的煩惱便會愈來愈困擾不到自己，從前認為至關重要的事也愈來愈無足輕重了。是的，只要能持之以恆，終會滴水穿石，遲早有一天，我們必會意識到世上的一切真的只是一場夢。讓我們拭目以待，我們終將見證到這一真相的。

(6:1~2) **這是聖靈唯一的禮物，也是唯一的寶庫，你必然能夠由此獲得幸福所需的一切。一切全都為你安置於此了。**

基督慧見給我們的禮物即是：世上沒有一物能讓我們真正快樂。意識到這一點，我們才可能尋得真正的幸福。

(6:3~5) **只要你開口，就會獲得這一切的。它的門從不上鎖，不論你要求的東西多麼微不足道或迫切需要，它都會慷慨應允的。在基督的寶庫內，沒有治不好的病，沒有彌補不了的匱乏，也沒有滿足不了的需求。**

只要我們下定決心更換老師，緊隨他的步伐一起走出夢境，世界或身體都不再是問題。這是救恩的基礎，蘊含了「基督的寶庫」。

> 你可以開始計數銀色的奇蹟與金色的美夢了，它們才是你真想在世上累積的財富。……寬恕帶來的療癒之夢便會輕輕告訴你，你從未犯過罪。奇蹟不會為你留下任何罪咎的痕跡，不會為那虛晃一招的世事作證。它會在你的倉儲騰出一個空位，歡迎天父與你的自性。大門已經開啟，願意進來的人便能享用你為他們擺設的盛宴，再也不受饑餓之苦。他們終於見到了奇蹟為你邀請來的神聖貴賓。（T-28.III.7:1;8:4~8）

(7) **在這兒，世界會想起它誕生之際所失落之物。因為在這兒，它已被修復，在另一種光明下重生了。於是，罪的故居變成了救恩中心及仁慈之家，所有受苦之人都在這兒得到救治，受到歡迎。這個新家從不拒絕任何人，救恩一直在此等候著他的來臨。沒有人會視他為陌生人。也沒有人會向他索求任何東西，他只需要接受自己是受歡迎的這一禮物即可。**

當我們從罪惡和苦難的夢境抽身，懷著正念之心走向耶穌，上面那一番話對我們才能產生作用——在那神聖一刻，所有的問題都迎刃而解了；而且沒有一個人被拒於門外，因為沒有一個人在我們心中是陌生人。只要活在基督慧見下，所知、所感、所見全都統合起來了。正如先前引用過的一段課文，美妙地提醒我們：

> 逐漸轉化為真理祭壇的世界，就在你過去看到罪的地方冉冉升起，而你就在這兒融入天堂之光，加入感恩之頌。這些光明為了自身的圓滿來到你這裡，你也樂於與它同行。凡是聽見天堂之歌的人，是不可能沉默的，他會全力為那歌聲助陣，使它更加悅耳動聽。所有的人都會在罪的廢墟所升起的祭壇前加入宇宙大合唱。本來微不可聞之聲，如今處處歌聲嘹亮，整個宇宙都化為一首壯麗的讚美詩。（T-26.IV.5）

(8:1~3) **基督的慧見為寬恕的百合提供了神聖的生長土壤。這是它們的家園。你能將它們由此地帶回人間，但它們無法在世間貧瘠和澆薄的土地上生長。**

寬恕只可能在基督慧見內安身，因它從不著眼於彼此的不同。由此推之，我們若情不自禁地著眼於差異性，甚至刻意渲染，表示我們並不想得到寬恕。只因自己心中有數，我們若被寬恕，反倒可能認不出自己是誰了。我們因害怕遺忘自己是誰，驅使著自己回頭去找委屈、焦慮、沮喪這些老夥伴。幸好，只要有過神聖一刻的經驗，縱然一時又落回了身體，過去所熱中的特殊性便再也滿足不了自己。到那時，我們才會意識到以前的寬恕原來只是**毀滅性的寬恕**（S-2.II），因為真寬恕必然出於基督慧見，只可能著眼於我們共有的目標。所有的差異性與特殊性一旦在寬恕中化解了，那麼，一向在不寬恕的「貧瘠和澆薄的土地上」張狂滋生的小我幻相，到此也就結束了。

(8:4~6) **它們需要基督之愛所帶來的光明、溫暖及愛心照顧。它們需要祂愛的垂顧。如此，它們才能成為祂的使者，給出自己領受的禮物。**

這一段描述的正是所謂的「寬恕的百合」之象徵，它只可能在我們心內的愛中紮根；若非耶穌的指引，將我們領到愛所在之處，我們的所思所行便很難擺脫特殊性和分裂的糾纏。說到底，我們究竟要拜誰為師，才是一切的關鍵；而唯有耶穌的愛能為我們提供滋養寬恕的土壤。

(9:1) **從祂的寶庫中盡量取用吧！這樣寶物才會愈拿愈多。**

耶穌再次敦促我們來到他所在之處（即正念之心），所有的寶藏都保存在此。既然耶穌的寶藏不在世上，硬把他拉到世界來是沒有意義的，只有小我才會暗自竊喜。我們此生若真想活得幸福圓滿，必須直追幸福與圓滿的源頭，這就是「把幻相帶入真相，而非把真相帶入幻相」之真義。當我們再度由真實之境回到虛幻人間時，我們的所作所為必然大不相同。我們必須明白，唯有真心地寬恕，就是用不同的眼光看待自己的弟兄，才可能憶起我們從未離開過上主這一事實。如此一來，罪咎懼的妄念再也無法侵擾我們的心靈，我們註定會在自己的心靈內找到奇蹟寶庫的。

(9:2~4) **祂的百合縱然帶回人間，並沒有離開它們的家園。它們的根仍留在那兒。它們離不開自己的源頭，只會隨身攜帶祂的恩澤，將世界美化得好似家中的花園；當它們再度重返家門時，只會更加馥氣芬芳。**

耶穌在第一百八十四課還會再度重申這個重要的觀念：我們必須設法回歸光明，才可能與真正的老師相會而憶起真相。日後再度返回黑暗的世界時，我們已非昔日阿蒙，我們的眼光充滿了光明及耶穌的愛，萬事萬物在我們眼中反映出他的臨在。耶穌另在〈正文〉也如此懇求我們，把所有的弟兄一起領回寬恕的花園，那兒是一切夢境的心靈源頭：

> 去把他們找回來吧，因為只有他們才能幫你找回自性。溫柔地將他們領入你的寧靜花園，且在自己的園中接受他們的祝福。你的花園便這樣延伸出去了，它會橫跨整個沙漠，使散居各地的小小郡國再也無法把自己封鎖於愛之外，而讓你一人獨守花園。如此，你才可能認出自己的真相，親眼看見這小小花園緩緩地轉變成天國，閃耀著造物主無所不容的愛。（T-18.VIII.10）

每當我們心煩意亂、生氣，或升起任何和特殊性相關的情緒，只需回到心靈的源頭那兒，看到這一切不過是抉擇者誤選了小我所致，自己只需重新作個選擇便成了。人間所有的問題，在那一點上，都會顯得耳目一新。當然，世界不會從眼前消失，但那些問題早已無足輕重了。海倫有一首詩，生動描繪耶穌邀請我們和所有弟兄一起走進寬恕花園之情景：

我從平安中向你走來，
殷殷催促你向時間告別，
與我一起踏入永恆。
雖然肉眼看不到任何變化，
你也不會突然從時空中消失，
但當你回到人間時，
你會緊握著我的手，
因為我始終與你同行。

——《天恩詩集 / 暫譯》P.117

(9:5~7) **它們在此受到了雙重的祝福。基督的信息不只傳播出去了，還會回到它們這兒來。最後再欣然地將這些信息奉還給祂。**

「雙重的祝福」，意味著你我一起蒙受了祝福，因為我必然同時領受到自己給出的奇蹟。只要我以耶穌的眼光看你，便會讓你想起自己也能夠作出正念的選擇，這個選擇便會再次紮根在我心裡。

(10:1~4) **請看這座為了供你施捨而為你準備的奇蹟之庫。那既是上主指定賜給你的，你怎麼可能不配接受此禮？不要評判上主之子了，你只需亦步亦趨地遵循祂所安排的道路。基督夢到了一個已被寬恕的世界。**

耶穌再度提醒我們，奇蹟也屬於幻境——那個世界仍不是真實之境，至多只能算是真理實相的倒影，也就是基督的寬恕之夢。

(10:5) **這是祂的禮物，如此，你才可能安詳自在地由死亡渡向生命之境，由無望渡向希望之地。**

這個過渡，指的正是小我世界與真實世界之間的橋樑：

> 寬恕……可視為幫助不明真相者跨越知見與真理之間的溝距的橋樑。他們無法直接由知見跳到真知之境，因為他們不認為這是出自自己的意願。……正是它〔寬恕〕反映出來的一體性，彰顯了上主的旨意。它是唯一存在世界之內卻能直通天堂彼岸的橋樑。（C-3.2:1~2;5:2~3）

(10:6~8) **讓我們與祂一起作夢片刻。祂的夢會將我們喚回真理之境。祂的慧見為我們指出一條道路，回歸那在上主內從未失落過的永恆聖地。**

耶穌再度要我們留意自己是怎麼看待他人的。因為我對他人的看法，為我提供了一面鏡子，揭露出我們當初是怎麼看待自己的；我若判斷你，表示我先判斷了自己。由於我根本意識不到自我定罪的傾向，才需要進入這個人間教室，透過耶穌的教誨，認出你我沒有什麼不同，只因我倆都不曾離開過上主的一體生命。唯有寬恕足以反映出這個一體慧見，瓦解小我的分裂信念。我們才得以在這合一之境一起療癒，一起覺醒於上主的旨意。最後，我引用〈心理治療〉一段如詩般的禱文，作為本課的結束：

> 願我們靜靜地站在上主的旨意前，著手祂指派給我們的任務。只有這一條路能把我們領至一切夢境的起點。也只有在那兒，我們才能放下所有的夢境，在平安中飄然遠去。仔細聆聽弟兄的求助，真誠地答覆他吧！你其實是在答覆上主，因為向上主求助的其實是你。除此之外，沒有其他方法能幫你聽見祂的天音。除此之外，沒有其他途徑能幫你找回上主之子。除此之外，也沒有任何方法恢復你的圓滿自性。療癒是何等神聖的事，上主之子必須乘著它慈愛的翅膀，才能返回天堂。因為療癒透過上主的天音告訴了他，自己所有的罪已被寬恕了。（P-2.V.8）

第一百六十課

我已安居家中，恐懼從此成了陌路

本課的主題開始轉向心靈的選擇能力：我們究竟要在充滿恐懼的小我思想體系中安家？還是決心在聖靈的愛的體系中安心立命？

(1) 在愛的道路上，恐懼有如一位陌生人。你一與恐懼認同，你對自己也成了陌生人。如此，你對自己便一無所知了。你的自性對那自以為存在又與你不同的那一部分生命極其陌生。活在這種狀態下的人，怎麼可能活得神智清明？除了瘋子以外，誰會相信那個不是自己的自己而與自己為敵？

我們先前已經在〈練習手冊〉和〈正文〉中，討論過小我混淆我們身分認同的伎倆，例如下面這段極具代表性的描述，一針見血地指出我們其實更歡迎恐懼而非光明進入心中，並且不惜為此付出痛苦的代價：

> 恐懼與悲哀成了你的座上客，一路上如影隨形。那幽暗的旅程不是上主之子該走的路。步上你的光明之路吧，不要去看那群陰森的夥伴，它們不配與上主之子結伴而行，因為上主之子是光明的造化，永存於光明之境。那偉大的光明始終環繞著你，且透過你照耀四方。在這樣偉大的光明中，你怎麼可能繼續著眼於那群陰森的夥伴？當你看到它們的蹤影時，表示你已否定了光明。反過身來否認它們吧，因為光明已經來到，你的前程暢通無阻。（T-11.III.4:4~10）

當上主之子作出認同小我而捨棄聖靈的抉擇之後，基督對他立即成了陌路；從那一刻起，聖子視自性為異類，任由小我思想體系鳩占鵲巢。上面那一段引言即是用恐懼來象徵小我。就在迎請小我這位不速之客入住之際，小我便取代了我，於是，我成了罪、咎和恐懼的淵藪，而真正代表我的靈性反倒成了陌生的異鄉人。從此，我陷入瘋狂，相信那個「不是自己的自己」，因而造成了嚴重的身分認同危機。

(2:1) **在我們中間有個不速之客，他來自真理所不認識的觀念，操著完全不同的語言，著眼於真理毫不知曉的世界，所了解的盡是真理視為荒謬之事。**

大家或許還記得，我們先前論及「罪的調整作用」（Sin as an Adjustment）時，便已提到，我們竟然迎請了那位陌生人進入心靈的家園：

> 不要幫上主之子委曲求全地適應自己的瘋狂了。他內有一位陌生人，漫不經心地逛進了真理之家，不一會兒又逛了出去。……不要向那陌生的過客請教「我究竟是什麼」。整個宇宙就只有他不知道。……在浩瀚如宇宙的真理前，你竟會向那個盲目的嚮導請教：「我該怎樣看待上主之子？」（T-20.III.7:1~2,5~6,10）

這段引言中的「陌生人」即是指小我思想體系；在本課中，耶穌一樣直接用恐懼來代表小我。

整部〈練習手冊〉裡，耶穌多次揭示了真理實相不容妥協的本質。真理與愛不知恐懼為何物；換言之，上主也不可能知道幻相這一回事，因為幻相只可能存於天心之外，表示它根本就不存在。「真理所不認識的觀念」指的就是與上主分裂之念，這個「真理」顯然就是「分裂不曾發生過」的救贖原則。故說，小我「操著完全不同的語言」，和聖靈的真理背道而馳。雙方都不可能了解彼此，正如下面這一段引言所提到的無罪和有罪的兩種心態：

> 無罪之心與有罪之心沒有相互了解的可能。彼此都會把對方看成同類，故沒有真正交流的餘地；因為每一方看待對方的心態，與對方看待自己的心態有莫大的出入。上主只能與你心中的聖靈溝通，因為只有聖靈與上主同時知道你的真相。因此，唯有聖靈能代你答覆上主，因為只有祂才知道上主的真相。除此之外，

> 你心裡塞滿的東西沒有一樣真的存在，因為凡是不能與天心交流的，就不存在。與上主交流，就是生命。除此之外，空無一物。（T-14.IV.10）

(2:2~4) **更奇怪的是，他認不出自己面對的是誰，卻聲稱那人的家是屬於他的，真正安居家中的人此刻反而成了不速之客。然而，要你說出「這是我的家，這是我的地方，我不會因為瘋子要我出去，我就出去的」這一句話，又有多難？**

正因為我們忘了自己是誰，才會錯以為無家可歸；其實，是我們自己拋棄了家園，放棄了我們的存在實相，淪落到一個不屬於我們的家。事實上，那個家根本就不存在。我們必須意識到，自己不只作了一次錯誤的選擇，還不斷重蹈覆轍，自甘放棄莊嚴偉大的生命，忍受自己的渺小卑微。我們的問題不是要求得太多，而是要求得太少，如同下面這一番我們早已耳熟能詳的話：

> 上主的旨意是什麼？就是祂願自己的聖子擁有一切。祂把聖子創造成為一切時，就是祂給聖子的最大保證。……在這方面，上主之子的要求不僅不夠多，甚至應當說，他的要求實在少得可憐。為了追求小小的寶貝，他竟不惜犧牲「自己既是一切也擁有一切」的真實身分。為此，他不可能不感到孤立、失落且舉目無親。而這一感受也恰恰成了他千辛萬苦尋來的寶貝。對這寶貝，他必然心存恐懼。恐懼能算是一種寶

> 貝嗎？你真的想要這無常的人生嗎？你會不會根本就認錯了自己的意願，又認錯了自己的真相？（T-26.VII.11:1~3,7~14）

我們只敢祈求減少一點痛苦就夠了，絲毫意識不到這個恐懼是可以徹底消除的。只因小我不斷耳提面命：「少了恐懼，我就會失去存在感。」又因我們如此害怕自己心內的憤怒之神，迫不及待地想要逃離，才會心甘情願地與身體認同。可以這麼說，來到世上的人都成了恐懼的化身；耶穌也經常告訴我們：「恐懼是夢境的起源和內涵，是天人分裂之境的象徵。」針對這一點，下面三段的論述，可說最具有代表性：

> 因所有的夢不論化身為何種形式，基本上都是恐懼之夢。夢裡夢外無不充滿恐懼。但它仍可能佯裝成快樂的模樣。其實，構成夢境的基本素材永遠是恐懼，它絕不會在夢中缺席。夢的形式千變萬化，卻都換湯不換藥。（T-29.IV.2:2~6）

> 新的夢境很快就會失去它們的魅力，轉為恐懼之夢；所有的夢境都是這麼一回事。（P-3.II.6:6）

> 恐懼是世界的唯一情緒，它可以化為種種形式，你可以隨意命名，但恐懼的本質不變。……夢境沒有獨立的碎片，每一碎片都包含了恐懼的全部，它與愛對立，有如地獄，覆蓋了上主記憶。聖子在此被釘上了十字架。（《天恩詩集 / 暫譯》PP.115~116）

綜結而言，沒有恐懼，我就不存在了。在恐懼中，愛與自性成了「非我族類」，連我們的導師耶穌都形同陌路。我別無選擇，只能拜小我為師，它告訴我們，害怕是天經地義的事，如此便賦予了這個瘋狂世界剝奪上主平安的能力，令我們無家可歸。

(3:1) **是什麼原因使你說不出這話來？**

耶穌這樣反問我們：「你為什麼說不出正念之心才是你的家？即使小我會瘋狂地叫囂抗議，並不意味著你必須言聽計從啊！」

(3:2~3) **原因只有一個，你已引狼入室，任它鳩佔鵲巢，而你反而淪為不速之客。沒有人會如此輕率地任人霸佔自己的家園，除非他認為還有另一個家更適合自己的品味。**

這一段話點出了問題的癥結——只因我相信世界和身體能夠給我想要的一切，小我思想體系又用特殊性推波助瀾，保全我的個體身分。雖然這個身分無法帶來幸福（這已經是最保留的說法了），然而內心另有一部分會高興地跳起來說：「太好了，我終於存在了！我受的苦愈大，就愈能向他人追究責任，這真是穩賺不賠的策略呀！」說真的，我們一定要看透人心背後的隱衷。除非我們相信小我所給之物更能滿足自己的需求，也就是保住我們的個體性（小我真正的家園），否則我們豈會驅逐愛、捨棄耶穌而擁抱恐懼？

(4:1~2) 誰才是不速之客？是恐懼呢？還是那不配居住在上主為聖子所預備的家園的你？

「誰才是不速之客？」究竟是愛還是恐懼？可以說，這個提問正是本課的主旋律。毫無疑問，答案當然是恐懼。愛在我們心目中早成了陌生人，因為我們存心驅逐它，故而形同陌路。耶穌在此卻斬釘截鐵地告訴我們，恐懼才不配進入上主所賜的家園，因我們是愛的造化，乃是上主的一部分，也只有聖靈才配成為我們的老師。

(4:3) 恐懼怎麼可能是祂按自己的肖像所造出來的自家人？

這句話出典自〈創世記〉：「神說，我們要照著我們的形像，按著我們的樣式造人。」

不過，耶穌把這句經文重新界定為：真正按照上主形象創造出來的，只可能是愛，而非恐懼。

(4:4~8) 愛所圓滿且被圓滿的，豈是靠這個恐懼？沒有一個家能同時收容愛與恐懼。它們是無法並存的。你若是真的，恐懼必是幻相。恐懼若是真的，表示你根本不存在。

我們在此反覆看到「層次一」的表述：上主或幻相，愛或是恐懼，二者絕無交集。愛不知道恐懼，上主也不可能知道分裂幻境。請記得，「**非此即彼**」乃是《奇蹟課程》最基本的形上原則。下面〈正文〉這個三段論證所根據的，乃是〈約翰一書〉之名言：「愛裡沒有懼怕；愛既完全，就把懼怕除去。」（〈約翰一書〉4:18）：

> 恐懼不論從哪一個角度來講都不可能是真的，因為它既不存在於創造層次，表示它根本就不存在。你願讓自己的信念接受這一測試到何種程度，你的知見便會得到同一深度的修正。奇蹟教你分辨真實與虛妄之別的邏輯即是：
>
> 完美的愛驅逐了恐懼，
> 恐懼若存在，完美的愛就不存在。
>
> 然而：
>
> 唯有完美的愛存在，
> 恐懼若也存在，
> 表示它已造出了一個不存在之境。（T-1.VI.5:1~8）

(5:1~3) **這問題就這樣簡單地解決了。凡是心懷恐懼的人，等於否定自己說：「我在此只是一個不速之客，因此我要把我的家留給那個比我更像我自己的人，把我心目中擁有的一切全獻給他。」**

為了加深自己對恐懼的認同，我們不惜拋棄了真實自性，淪落為分裂之子，而不再是一體聖子。我們就如此這般地遺棄了自己的真正家園，拱手讓給一位陌生人。

(5:4) **如今，他不得不自我放逐，再也不知道自己是誰了；只**

有一點他敢肯定：他已不再是他自己，他已被摒棄在自己的家門外了。

終有一天，我們會意識到這個世界並非自己的家，只不過，未必意識到當初是我們拋棄了自己真正的家；不僅如此，我們還會把離家出走的責任投射出去，認定是別人將我們拒之門外的——「一切都是別人害的！」世界正是為此目的而造的，存心遺忘問題的起因。下一課會進一步指出，我們之所以打造出形形色色的世界，就是讓我們隨時都能從外面找到一個可以責怪或憎恨的人：「是的，我有家歸不得，是的，我淪為一個孤兒……但這一切都不是我的錯！」

(6:1~3) **到了這一地步，他還敢尋求什麼？他又能找到什麼？對自己形如陌路的人，不論往哪兒去找，都不可能找到家的，因他已斷絕了自己的歸路。**

這幾句話一針見血地道出特殊性的真正目的：我們想在世上尋找一個安身之地，只能拼命追求人間的愛與幸福。

> 小我一口咬定愛是危險的，這是它一直想要教給你的核心觀念。但它從不直截了當地講；反之，凡是把小我當作救命恩人的人，看起來都在如饑似渴地尋求愛。小我也積極鼓勵你努力追求愛，卻附帶一個條件：不准找到。「去找，但不要找到」是小我的一貫指令。……因此，小我致力追尋的目標註定會失敗。只因它要你相信它才是真實的你，因此，它領你踏

上的旅程必會害你咎由自取。小我無法愛，它狂熱追求的正是它最怕找到之物。你若聽從它的教導，縱使踏破鐵鞋找到愛，你也無法認出它的。（T-12.IV.1:1~4;2:1~3;3:5）

我們之所以有家歸不得，是因為我們根本找錯了地方。我一旦背棄了聖靈，自然會淪落到小我的妄心所打造的身體內，試圖從身體那兒尋找幸福和平安，甚至藉由身體來追求靈性、神聖以及宗教的救贖。然而，我們永遠無法在世上找到這一切的，因為它們只存在於我的正念之心內，而正念心境才是我浪遊天涯時的避風港。

(6:4~5) **他已經迷失了，只有奇蹟才能把他找回來，讓他看到自己如今不再是不速之客。這奇蹟遲早會來的。**

儘管當初是我們自己拋棄了正念之心，但它始終存在我們心內。終有一天，我們會意識到自己所犯的錯誤，而且明白自己活得這麼不快樂的原因；那時，我們便會心甘情願地重返心靈，選擇聖靈的奇蹟，找回自己的真愛。

聖靈賜給你另一種圓夢之法，那才真能為你帶來喜悅。因為祂的許諾永遠是「去找，你必會找到」，有祂指點迷津，你不可能失敗的。祂帶領的旅途必是成功之道，你的目標既是祂為你設定的，祂必會讓你如願以償。（T-12.IV.4:4~6）

(6:6~8) **因他的自性仍留在家中。祂從不讓陌生人進入，也不會接受任何外來的怪異念頭。祂必會認出誰才是自家人而喚他回歸自己的。**

這兒說的是我們「原是基督」的那個記憶，聖靈始終為我們妥善保管著。基督對「恐懼」這位陌生人一無所知，但我們對它卻備感親切。為此，唯有我們的抉擇者才能扭轉過去的錯誤決定，主動與記憶中的家鄉認同，正如下面這一段我最愛引用的句子：

> 你正安居於上主的家園，只是在作一個放逐之夢而已；你隨時可以覺醒於真相的。這豈非只有你才能決定的事？（T-10.I.2:1~2）

(7:1~2) **誰才是不速之客？不正是自性從不召喚的那傢伙？**

我的真實自性（也可說是聖靈天音的另一個象徵）絕不可能召喚小我，更不會和它一無所知的恐懼有任何牽連，它只會像一座燈塔那般，在我們心中默默閃耀著光芒。

(7:3) **你此刻還無法在自己內認出這個陌生人，因你已把自己的真實身分轉讓給他了。**

儘管我並不知道恐懼不屬於我生命的一部分，它純是一位陌生人，但我很清楚自己在肉體內活出的個體生命始終恐懼不安，充滿內疚與孤獨；雖然如此，我未必意識到這是自己的選擇，因為我早已認命恐懼是我的存在現實，是我的家園。我先前引用過下面一段〈正文〉，它在論及特殊性和聖靈時，特別點出，小我是如何處心積慮令我們意識不到真理原本就存於我們心內。這回我要引用更為完整的兩段，呼應一下我們先前討論的觀點——真理與幻相之間是沒有交集的：

> 你一點也不特殊。你若自命特殊，必然不惜與自己的真相為敵，也要設法保全這個特殊性，那你還可能知道真相嗎？如果你請教、答覆與聆聽的對象，都是這一特殊性，你可能接收到聖靈什麼樣的答覆？上主不斷以愛讚頌你的生命真相，你卻一味聆聽特殊性的喑啞回應。上主讚美你與愛你的雄偉讚歌，在特殊性的淫威下，只好噤聲不語。每當你豎耳聆聽特殊性的喑啞之聲時，上主對你的呼喚必然不復可聞。
>
> 只要你還在為自己的特殊性辯護，就絕對聽不到在它旁邊的聖靈之音。它們使用完全不同的語言，也會落在不同的耳朵裡。對每個特殊的人而言，真理具有不同的意義，也會給人不同的訊息。然而，真理怎麼可能對每一個人呈現出不同的面貌？特殊的人只會聽到特殊的訊息，進而更加肯定自己與眾不同；換句話說，他們各自活在個人特殊的罪裡，盡量和愛保持距離，因為愛從不把特殊性放在眼裡。基督慧見反倒成了他們的心腹之患，因它從不著眼於他們最愛看的東西；基督慧見不斷點醒他們，他們所執著的特殊性其

實只是一個幻相而已。（T-24.II.4;5）

(7:4~9) 然而，你的自性卻十分清楚誰才是祂的自家人，就如上主十分清楚誰才是自己的兒子那般肯定。祂不會搞不清自己的造化的。祂十分確定什麼才是屬於祂的。沒有任何不速之客能夠橫梗在祂的真知及聖子的實相之間。祂對那陌生人一無所知。祂對自己的兒子卻肯定不疑。

這段課文令人憶起那句耳熟能詳的妙喻：「你連天堂之歌的一個音符都不曾錯過。」（T-26.V.5:4）分裂之境對真理實相起不了任何作用，上主根本不知道小我這一回事，更別提它那套恐懼的思想體系了。祂只是純然如是，祂的聖子亦然，我們在祂的生命內永遠是一個。大家應該會注意到耶穌多次將我們引回這個重要觀念：上主完美的愛是「不」可能知道不完美的小我及其分裂思想體系的。

(8:1~3) 只要有上主的肯定，就已足夠了。只要祂知道那是自己的兒子，他就擁有上主為聖子所準備的永恆居所。「誰才是不速之客？」祂已經答覆了你的問題。

這就是問題所在——我們從來不敢反問；而《奇蹟課程》一直鼓勵我們質疑自己。正因為我們始終堅持自己是對的，從來不懷疑這一點；也因此，唯有敢於質疑自己，才會意識到自己在某方面的無知。雖說沒有人喜歡恐懼或內疚，但由於我們相信它們屬於生命的一部分，還感到真實無比。如今，唯有提出正確的反問：「誰才是不速之客？是愛還是恐懼？」我們才會意識到自己是有選擇的。在此之前，我們習慣於把恐懼視為存在的現實，只能自求多福，因而中了小我的詭計，無法意識到上主之子與生俱來的平安。要知道，這平安是上主將我們創造成和祂一體的生命時，便已經為我們保存在天心內了。現在，來讀一段〈詞彙解析〉的「結語」，它道出了我們的永恆宿命：

> 始自遠古，結局就已寫在星辰上了，掛在光明燦爛的重天之上，它永存不朽，萬古常新。它至今猶存，既未改變，也不會改變，且永不改變。（C-結語.2:5~6）

這個美妙的景象，就和前文引用過的兩段〈正文〉相互呼應，我們再重溫一次：

> 上主對你的聖念，有如鑲在永恆穹蒼的恆星，千古不滅。它高懸於天堂之上，自絕於天堂之人自然無緣目睹它的丰采。然而，它依舊寧靜皎潔，光華燦爛，永恆遍照。沒有一時，它不存在，也沒有一刻，它會失去光華而不再完美。

> 知道天父的人，必然知道這一光明，因為天父就是護守光明而遍照千古的浩瀚穹蒼。世人看到與否，絲毫影響不到它的完美聖潔。穹蒼護守著這一光明，輕輕將它托在最完美的位置，使他離人間與天堂等

距。……世界的恐怖動盪與人間的生死大夢，以及你千奇百怪的恐懼心態，絲毫影響不了上主對你的聖念，祂對你的心意永恆不渝。這一聖念始終安息於肯定不移與圓滿平安中，沒有任何殺伐之聲能夠侵入這無邊的寂靜。這是你萬無一失的生命真相，它渾然不覺那供奉偶像而不識上主的世界。上主對你的聖念從未離開過造物主的天心，它知道造物主，造物主也知道這一聖念；它對你千古不易的生命具有完美的信念，使你得以永遠安息於自己的家園。（T-30.III.8:4~9:3;10:2~5）

(8:4~5) **聆聽祂的天音寧靜而肯定的保證吧！你不是天父家中的陌生人，你的造物主也不是你的陌生人。凡是上主結合的，永遠一體，與祂安居家中，你不是祂家裡的不速之客。**

這段話引用了〈馬太福音〉家喻戶曉的名言：「神配合的，人不可分開。」（〈馬太福音〉19:6）耶穌強調的是，即便我們背離了聖愛，我們也不可能成為聖愛或上主的陌路人。〈馬太福音〉這段經文，〈正文〉多次引用，下面兩段可說最具代表性：

上主只有一位聖子。凡是結合於上主內的生命，小我無法拆散他們。（T-17.III.7:2~3）

在真相裡，你與弟兄依舊並肩而立，沒有任何東西能夠離間你們。上主緊握著你們的手，有誰拆散得了結

合於祂內的生命？（T-22.V.3:4~5）

顯然的，耶穌把〈馬太福音〉針對離婚的表述，重新詮釋為救贖原則的表述：上主之子的一體生命，絕對沒有人能夠打破或拆散。

(9:1~2) **今天，我們感謝基督來到世界找回屬於祂的人。在祂的慧見中沒有一個陌生人，祂所見到的都是自家人，樂於與他們合而為一。**

我們不妨把基督或聖靈想像為一座燈塔，始終在心靈深處綻放愛的光芒。只要有心追尋，我們遲早會看到這一光明，而意識到先前的錯誤，知道**還有**另一條路能帶領我們脫離那有如漆黑大海的小我地獄，走出漫漫長夜。為此，我們由衷地歡欣感謝：

> 何其有幸，我們所在的世界提供了這麼多機會讓我們看到另一境界，讓我們認出自己早已擁有的上主禮物。地獄的遺跡，隱秘的罪咎、深埋的怨恨，從此一逝不返。它們企圖覆蓋的美善，得以再度呈現於我們眼前；它像天堂裡的碧綠草坪，將我們舉起，飛越你過去不識基督時所走的荊棘之路。（T-31.VIII.9:1~3）

耶穌要我們對自己心內永恆不易的真理表達感恩之情，藉此扳正了因恐懼而生的不感恩之心。不感恩，表示我們存心隱瞞那個真理，因為我們知道自己一旦置身於這一真理，過去相信的那一套思想體系便無立足之地了。為此，我們衷心感恩自己終於能夠選擇真理了；唯有真理才能帶給自己幸福與平安。

(9:3) 然而，他們卻會視祂為不速之客，因他們連自己都認不出來。

就在我們認同了恐懼，把自己看成一個分裂而且特殊的個體之際，我們便認不出自己的生命真相了。因為我們不明白，一與小我認同，我們變成了自己的陌生人，一個不速之客；然而，一旦與基督認同，我們便已安返家中。唯有不斷地寬恕，在他人身上認出我們共具的同一身分，那時，我們便會認出那位透現光明的陌生人竟是我們的長兄，是他為我們帶來了復活的救恩：

> 你若能由自己一邊接受、同時又一邊給出的雪白花瓣間驚鴻一瞥那隱在面紗後面的基督聖容，表示你已能從弟兄的臉上認出他的本來面目了。當初你並不知道我是誰，卻收容了我這陌生人。如今你會透過自己獻出的百合而知道我的真實身分。這個令你感到生疏的陌生人，其實是陪伴你百千萬劫的道友；當你寬恕他時，不僅他獲得釋放，你也隨著他一起得到了救贖。復活節是歡樂的節日，別再哀悼死亡了。瞻仰那已復活的道友吧！與我一起慶祝他的神聖生命。因為復活節不只是我的也是你的得救之日。（T-20.I.4:2~8）

(9:4~10:1) 只要他們一向祂表示歡迎，就會憶起這一真相的。祂便會溫柔地領他們回家，那才是他們真正的歸宿。

基督不會遺忘任何一個人。

海倫的第一首詩〈耶誕節的禮物〉，正是她在筆錄這一課的幾個月前寫下的。這首詩是這麼開始的：「基督不會忽視任何一人，憑此，你便知道他是上主之子。」（《天恩詩集/暫譯》P.95）這詩句和此處的「基督不會遺忘任何一個人」可謂異曲同工。為此，我們要特別留意自己對每天萍水相逢的人多麼快就生起了評判的念頭，或充耳不聞他們求助的心聲，甚至利用他們來滿足自己的需求。

(10:2) 祂也會讓你憶起所有的人來，如此，你的家才重歸完整而且圓滿如初。

不折不扣的，生活就是我們的教室。白天所遇到的每一個人，不論是親密關係或緣慳一面的人，都能提供我們學習的機會，看清自己如此不自覺地排斥、忽視或利用他人。但請勿懷著批判或內疚之心面對這個事實，只需如此提醒自己：「排斥他人，等於排斥自己。」然後，捫心自問：「這豈是我想要給自己的禮物？」

> 不論你遇到什麼人，應牢牢記得這一會晤的神聖性。你如何看他，你就會如何看自己。你如何待他，你就會如何待自己。你如何想他，你就會如何想自己。

> 千萬不要忘了這一點，因為在他身上，你若不是找到自己，就是失落自己。每當兩位上主兒女萍水相逢之際，就是天降救恩之刻。不要錯過這個給予對方救恩和親自領受救恩的機會。（T-8.III.4:1~7）

(10:3~5) **祂從未遺忘過你。但除非你能如祂一般看待所有的人，否則你是無法憶起祂的。凡是否定弟兄的，就是否定祂，也就等於拒絕接納天賜的慧眼；唯在慧眼下，他才可能清晰地認出自己的自性，憶起自己的家園；於是，救恩便來臨了。**

請記住，除非把上述的心態普遍運用在眼前所見或內心想到的每一個人身上，否則，表示我們仍然不甘拜耶穌為師，更遑論愛的人生目標；果真如此，我們是不可能憶起自己始終活在基督內這一真相的。最後，我要引用幾段〈頌禱〉的動人描述，作為本課的結束。它描述了這樣美妙的景象：旅程終於結束，我們抵達階梯的頂端，與基督並肩而立，所有的弟兄都伴隨在旁，全都結合於聖子奧體內：

> 祈禱之梯愈昇愈高。天堂幾乎一蹴可幾了。還差那麼一點點，你的學習旅程就告完成。此刻，你不妨向每一位願與你在祈禱中結合的人說：
>
> 沒有你，我無法前行，因為你是我的一部分。
>
> 在真相中，他確實如此。如今，你只會祈求能與他真正共享之物。因你已了解，他從未離開過你，看來好

似落單的你，其實與他共享同一生命。

這就是祈禱之梯的盡頭，它已超越了有修有學的層次。如今，你立於天堂門前，而你的弟兄正站在你身邊。碧草如茵，既深且靜，這兒是你註定如期抵達的終點，它已等候你多時了。時間到此結束。永恆會在門口與你相會。祈禱恢復了它原有的功能，只因你已認出了自己心內的基督。（S-1.V.3:5~4:6）

奇蹟資訊中心
出版系列：

《奇蹟課程》
（A Course in Miracles）——新譯本

《奇蹟課程》是二十一世紀的心靈學寶典，更是近年來各種心理工作坊或勵志學派的靈感泉源。中文版已在1999年由若水譯出，並由作者海倫．舒曼博士所委託的「心靈平安基金會」出版。

新譯本乃是根據「心靈平安基金會」2007年所出版的「全集」，也是原譯者若水在「教」「學」本課程十年之後再次出發的精心譯作。全書分為三冊：第一冊：〈正文〉；第二冊：〈學員練習手冊〉；第三冊：〈教師指南〉、〈詞彙解析〉以及〈補編〉的「心理治療」與「頌禱」二文。新譯本網羅了《奇蹟課程》所有的正式文獻，使奇蹟讀者從此再無滄海遺珠之憾。**（全書三冊長達1385頁）**

《奇蹟課程》
〈學員練習手冊〉新譯本隨身卡

《奇蹟課程》第二冊〈學員練習手冊〉共三百六十五課，一日一課地，在力求具體的操練中，轉變讀者看事情的眼光，解開鬱積的心結。

若水由十餘年的奇蹟課程教學譯審經驗出發，全面重譯這部曠世經典。新譯版一本經典原文的精確度，語意更為清晰，文句更加流暢。精煉再三的新譯文，吟誦之，琅琅上口，饒富深意，猶如親聆J兄溫柔明晰的論述，每天化解一個心結，同享奇蹟。

為方便現代人在忙碌生活中操練每日一課，經三修三校的重譯版，首度以隨身卡形式發行，以頂級銅西卡精印，紙版尺寸8.5×12.6公分，另有壓克力卡片座供選購。**（全套卡片共250張）**

奇蹟課程導讀與教學系列

《奇蹟課程》雖是一部自修性的課程，只因它的理論架構博大精深，讀者常易斷章取義而錯失精髓，故奇蹟資訊中心陸續推出若水的導讀系列、米勒導讀，以及一階理論基礎及二階自我療癒DVD、其他演講錄音或錄影教材，幫助讀者逐漸深入這部自成一家之言的思想體系。

若水導讀系列

（一）《創造奇蹟的課程》**（全書272頁）**
（二）《生命的另類對話》**（全書272頁）**
（三）《從佛陀到耶穌》**（全書224頁）**

若水在這三冊中，解說《奇蹟課程》的來龍去脈與理論架構，透過問答的形式，說明崇高的寬恕理念如何落實於生活中；最後透過《奇蹟課程》的理念，闡釋佛陀和耶穌這兩位東西方信仰系統的象徵，在實相裡並無境界之別，而只有人心的「小我分裂」與「大我一體」的天壤之隔。

米勒導讀

《奇蹟半生緣》

一位慧心獨具卻不得志的記者，三十多歲便受盡「慢性疲勞症候群」的折磨，群醫束手無策，他在走投無路之下，不禁自問：「究竟是誰把我這一生搞得這麼慘？」

《奇蹟課程》讓他看到，自己竟是一切問題的始作俑者。他對這一答覆百般抗拒，直到有位心理治療師對他說：「恭喜你！你若讀得下這本書，大概就不需要心理治療了！」

《奇蹟半生緣》全書穿插作者派屈克．米勒浮沉人生苦海的經歷，但他並不因此獨尊自身的經驗和詮釋，而以記者客觀實証的精神，遍訪散居全美各地的奇蹟講師與學員，甚至傾聽圈外人的質疑。本書可說是一部美國奇蹟團體的成長紀實。**（全書319頁）**

奇蹟課程有聲教學教材

奇蹟資訊中心歷年發行《奇蹟課程》譯者若水的演講錄音或錄影光碟，將《奇蹟課程》的抽象理念與現實生活銜接起來，幫助讀者了解《奇蹟課程》的精髓所在，是奇蹟學員不可或缺的有聲輔讀教材，由於教材內容每年不盡相同，欲知詳情，請上網查詢。
www.acimtaiwan.info 奇蹟課程中文網站
QJKC1314 微信公眾號（官方賬號）

肯恩實修系列

《奇蹟原則50》

許多讀者久仰《奇蹟課程》之盛名，興沖沖地讀完短短的導言後，就怔忡在一條一條有如天書的「奇蹟原則」之前。讀了後句忘前句，「奇蹟」的概念好似漂浮在字裡行間，始終無法在腦海中落腳，以至於閱讀了一兩頁之後便後繼無力，難以終篇，竟至棄書而逃。

「奇蹟原則」前後五十條，其實是整部課程的濃縮，若無明師指點，讀者通常都不得其門而入。於今多虧奇蹟泰斗肯尼斯旁徵博引，以深入淺出而又幽默的答問形式，將寬恕與奇蹟的精神落實於生活中，為初學者乃至資深學員提供了一個實修的指標。**（全書209頁）**

《終結對愛的抗拒》

追尋心靈成長的人，學到某個階段往往面臨一個瓶頸：儘管修習多年，一遇到某種挑戰，就不自覺地掉回原地，因而自責不已。問題到底出在哪裡？

佛洛依德在他的臨床經驗中，驚異地發現，病人的潛意識中有「拒絕療癒」的本能，肯尼斯根據《奇蹟課程》的觀點，犀利地剖析人們「拒絕療癒或轉變」的原因，又仁慈地為讀者指出穿越小我迷霧的關鍵，由停滯不前的窘境中突圍。對於追尋心靈成長和平安的人而言，本書不但有提點指授的功效，更有當頭棒喝的力道。**（全書109頁）**

《親子關係》

坊間論及親子問題的書籍可謂汗牛充棟，泰半繞在親子關係複雜且微妙的糾結情懷，唯獨肯尼斯．霍布尼克不受表象所惑，借用《奇蹟課程》的透視鏡，澈照出親子之間愛恨交織的真正關鍵。

本書表面上好似在答覆「如何教養子女」、「如何對待成年子女」以及「如何照顧年邁雙親」等具體問題，它其實是為每一個人點出我們在由「身為兒女」，到「照顧兒女」，繼而「照顧雙親」的艱苦過程，以及我們轉變知見時必然經歷的脫胎換骨之痛。**（全書238頁）**

《性．金錢．暴食症》

在紛紜萬象的世界裡，性、金錢與食物可說是人生問題的「重頭戲」，最易牽動小我的防衛機制，故也最具爭議性。作者肯恩沿用《奇蹟課程》中「形式與內涵」的層次觀念，針對性、金錢等等所引發的光怪陸離現象（形式），揭露它們背後一貫的目的（內涵）——小我企圖藉無止盡的生理需求，抹滅心靈的存在，加深孤立、匱乏、分裂等受害感，最後連吃飯、賺錢與性交都可能變成一種攻擊的武器。

肯恩與學員的趣味問答，反映出我們日常是如何受制於這些生理需求的；然而，我們也能藉聖靈之助，將現實挑戰化為人生教室，將小我怨天尤人的陰謀，轉為寬恕與結合的工具。**（全書196頁）**

《仁慈——療癒的力量》

這是一部針對奇蹟教師及資深奇蹟學員的實修指南。全書分上下兩篇，上篇列舉奇蹟學員常有的現象，例如以奇蹟之名攻擊他人，或以善意為由掩蓋自己批判的心態；下篇探討如何用仁慈的眼光來看待自己與他人的缺陷，教我們將自身的限制或缺陷轉為此生的「特殊任務」，在人間活出寬恕的見證，成為聖靈推恩的管道。**（全書251頁）**

《逃避真愛》

本書是針對道理全懂卻難以突破的資深學員而寫的，它一針見血地指出，綑綁我們修行腳步的，不是世界的黑暗，也非人間的牽絆，而是自己打造出來的一道心牆。

只因我們深怕真愛會消融了自己的特殊性，故把心靈最深的渴望隱藏到心牆之後，與之「解離」，在人間展開一場虛虛實實又自相矛盾的追尋。一邊痛恨小我的束縛，一邊又忙著為小我說項；以至於內心有一部分奮力向前，另一部分則寧可原地觀望。藉著裝傻、扭曲、辯駁，把回歸真愛的單純選擇渲染成複雜又艱深的學問。

《逃避真愛》溫柔地解除了人心無需有的恐懼，讓我們明白心牆的「不必要」，陪伴我們無咎無懼地跨越過去。（**全書156頁**）

《假如二二得五》

從古至今，多少人心懷救苦救難的大志，傾注一生之力貫徹自身理想，卻往往受現實所囿而終不能及。我們這些凡夫俗子，亦不乏拼搏自救之心，然而在現實面前，還是屢屢敗陣，活得憋屈而無奈。問題究竟出在哪裡？

對此，本書剴切提出：整個世界其實一直按照 2＋2＝4 的「鐵律」來運作，萬物循著固定的軌跡盈虧盛衰，一切可謂「命中註定」，無怪乎歷史上的種種救世之舉皆以失敗告終。然而，《奇蹟課程》識破世界的詭計，小我既然使出 2＋2＝4 的苦肉計，它便祭出 2＋2＝5 的救贖原則，破解小我編織的羅網，溫柔地引領我們走出世界的幻境。本書即是教導我們，如何在貌似 2＋2＝4 的世界活出 2＋2＝5 的生命氣象，而且更進一步，迎向天地間唯一真實的等式 1＋1＝1。（**全書171頁**）

《駱駝．獅子．小孩》

本書書名出自德國哲學家尼采的代表作《查拉圖斯特拉如是說》裡的「三段蛻變」──駱駝、獅子、小孩。這則寓言提綱挈領地勾勒出靈性的發展過程，尼采的幾項重要論點，包括強力意志、超人、永劫輪迴，也在肯恩博士精闢的詮釋之下，與奇蹟學員熟悉的抉擇心靈、資深上主之師、小我運作模式等觀念相映成趣。

肯恩博士為奇蹟學員引薦這位十九世紀天才的作品，企盼在大家為了化解分裂與特殊性而陷入苦戰之際，可以由這本書得到鼓舞和啟發。我們終將明白，唯有「一小步又一小步」的前進，從駱駝變成獅子，再進一步蛻變為小孩，不跳過任何一個階段，才能抵達最後的目標。（**全書177頁**）

肯恩《奇蹟課程釋義》系列

《奇蹟課程序言行旅》

如果說《奇蹟課程》是一首曠世交響曲，《序言》便奠定了整首樂曲的氣質與基調，不僅鋪敘出奇蹟交響樂的關鍵理念，還將讀者提昇到奇蹟形上思想的高度和意境，堪稱《正文行旅》最佳的暖身之作。

肯恩有如一流的樂評家，領著讀者，在宏觀處，領受樂章磅礡的主旋律，在微觀處，諦聽暗藏其中的千百種變奏，致其廣大，盡其精微，深入課程之堂奧，回歸心靈之家園。（**全書121頁**）

《正文行旅》（陸續出版中）

《奇蹟課程》在人類靈性進化史上的貢獻可謂史無前例，而《正文行旅》乃是《奇蹟課程釋義》三部曲的完結篇。肯恩由文學，詩體，音樂三重角度，依循各章節的主題，提供了「重點式」以及「全面性」的導覽，幫助學員深入奇蹟三昧，沉浸於智慧與慈悲之海。

這部行旅可說是肯恩一生教學的智慧結晶，奇蹟學員浸潤日久，必會如他所願：奇蹟，發自心靈，必將流向心靈。（**第一冊335頁，第二冊314頁，第三冊331頁**）

《學員練習手冊行旅》（陸續出版中）

整套《奇蹟課程釋義》的問世，可說是無心插柳。1998年起，肯恩應學生之請，為〈學員練習手冊〉做了一系列的講解，基金會將研習錄音增編彙整為逐句詮釋的〈練習手冊行旅〉。此案既定，〈正文行旅〉以及〈教師指南行旅〉應運而生，為奇蹟學員提供了最完整且精闢的修行指針，訂名為《奇蹟課程釋義》，幫助學員將〈正文〉理念架構所引伸出來的教誨，運用到現實生活中。這三部《行旅》，可說是所有踏上奇蹟旅程的學員最貼心的夥伴。

《學員練習手冊行旅》的宗旨，乃是幫助奇蹟學員了解三百六十五課的深意，以及它們在整部課程中的作用。更重要的是，幫助學員將每日一課運用於現實生活中，否則《奇蹟課程》那些震古鑠今之言可謂枉費唇舌，徒然淪為一套了無生命的學說。（**第一冊346頁，第二冊292頁，第三冊234頁，第**

四冊337頁，第五冊289頁，第六冊289頁，第七冊251頁，第八冊273頁）

《教師指南行旅》

（共二冊，含《詞彙解析行旅》）

〈教師指南〉是《奇蹟課程》三部書的最後一部，它以「如何才是上主之師」為主軸，提綱挈領地梳理出〈正文〉的核心觀念，全書以提問的形式鋪敘而成，為其他兩部書作了最實用的補充。

肯恩在逐句解說〈教師指南〉時，環繞著兩個主題：「個別利益」對照「共同福祉」，以及「向聖靈求助」。因為若不懂得向聖靈求助，我們根本學不會「共享福祉」這門功課。當然，全書也穿插不少副題，如「形式與內涵」、「放下判斷」等等，就像貝多芬的偉大樂章那樣，不時編入數小節旋律，讓主題曲與變奏曲銜接得更加天衣無縫。肯恩說：「我希望藉由本書讓學員看出，耶穌是如何高明地把他的基本訊息串連為一個整體，一如交響樂以主旋律與變奏曲那般交叉呈現、迴旋反覆地將我們領上心靈的旅程。」**（第一冊337頁，第二冊310頁）**

羅森濤紀念專輯

《從失心到一心》

作者歷盡千帆，融合畢生經驗智慧，為後來人指點出路。議題精深幽渺，在作者筆下卻有聲有色、有滋有味，上至東西方宗教哲學、心理學、物理學、社會學、人類學、神經生物學，下至科幻電影、電腦技術、流行歌曲、童謠玩具，細緻入微，抽絲剝繭，全面解構世人習以為常的人生現實，一舉揭破「失心」的千古內幕，進而點出回歸「一心」的出離之途，讓讀者在人生苦旅走出一條充滿奇蹟與真愛的道路。**（全書300頁）**

《從情愛到真愛》

顧名思義，本書的主題即是「轉化關係」。何謂關係？又何謂關係的目的？羅森濤博士提出了嶄新的見解：關係並不僅僅是兩個乃至於多個特殊個人之間的相互關連狀態；而「關係的目的」所在，則是人藉著與他人的相互關連狀態，來從中學會如何在創造我們的真愛（也就是上主聖愛）的反射中，讓所有的關係都能大放光明。只要懷抱這個目標，關係不僅會轉化，並且是以某些看似不可思議的方式轉化，而那些方式是無法用理性來解釋或了解的。尤其是，那些關係的轉化並非由於我們的外在行為，而是由於我們的身分（聖愛），以及我們對真相的記憶。這正是《奇蹟課程》的獨有法門。**（全書329頁）**

《從恐懼到永恆》

本書是羅森濤系列著作的第三部作品。《奇蹟課程》引領我們踏上的這段旅程，絕非外在之旅，因為身體的層次只能在舊有的物質世界打轉；相反的，它，純屬一段內心之旅。在這過程中，我們的心靈學會了轉變對自我身分和本質的錯誤認知，讓我們覺醒於自己的靈性真相。這一真相永恆不易，不論我們做了什麼，也不論我們如何緊閉雙眼，拒它於千里之外，它都永不改變。要知道，我們沒有改變真相的能力，因為它出自上主的創造。為此，這段旅程其實就是「從恐懼到永恆」的旅程。**（全書174頁）**

其他出版品

《寬恕十二招》

《寬恕十二招》的作者保羅．費里尼，有鑒於人們的想法與情緒反應模式，早已定型僵化，成了一種「癮」，不是一朝一夕可以化解得掉的。因此，他將《奇蹟課程》的寬恕理念，分解為十二步驟，一步一步地引導我們超越自卑、自責以及過去的創痛，透過自我寬恕而領受天地的大愛。這是所有準備好負起自我治癒之責的人必讀的靈修教材，也是曠世靈修經典《奇蹟課程》的輔讀書籍。**（全書110頁）**

《無條件的愛》

作者保羅．費里尼繼《寬恕十二招》之後，另以老莊的散文筆法，細細描述我們每一個人心中都擁有的「無條件的愛」。他由大我的心境出發，以第一人稱的對話方式，直接與讀者進行心與心的交流，喚醒我們心中沉睡已久的愛，開啟那已被遺忘的智慧。

此書充滿了「醒人」的能量，是陪伴你走過人生挑戰的最好伙伴。**（全書 215 頁）**

《告別娑婆》

宇宙從哪兒來的？目的何在？我究竟是什麼？為什麼會在這裡？我要往哪裡去？我該怎麼活在這個世界裡？當你讀完本書，會有一種「千年暗室，一燈即亮」的領悟。

全書以睿智而風趣的對話談當今世局、原子彈爆炸，一直說到真愛、疾病、電視新聞、性問題與股價指數等等，讓我們對複雜詭異的人生百態，頓時生出「原來如此」的會心一笑。它說的雖全是真理，讀起來卻像讀小說一樣精彩有趣，難怪一問世便成了西方出版界的新寵。**（全書 527 頁）**

《一念之轉》

作者拜倫．凱蒂曾受十餘年的憂鬱症所苦，一天早上，她突然覺悟了痛苦是如何形成又如何結束的。由此經驗中，她發明了四句問話的「轉念作業」(The Work)，引導你由作繭自縛中徹底脫身，是一本足以扭轉你人生的好書。**（全書 448 頁，附贈轉念作業個案 VCD）**

《斷輪迴》阿頓與白莎回來了！

繼《告別娑婆》走紅之後，葛瑞的生活形態發生重大的轉變，也面臨了更多的挑戰。葛瑞仍是口無遮攔地談八卦、論是非、臧否名流，阿頓和白莎兩位上師在笑談棒喝中，繼續指點葛瑞如何在現實挑戰下發揮真寬恕的化解 (undo) 功能，徹底瓦解我執，切斷輪迴之根。**（全書 304 頁）**

《人生畢業禮》

本書是保羅與Raj在1991年的對話記錄。對話日期雖有先後，內涵卻處處玄機，不論由哪一篇起讀，都會將你導入人類意識覺醒的洪流。

Raj借用保羅的處境，提醒所有在人間孤軍奮鬥的人，唯有放下自己打造的防衛措施，才可能在自己的心靈內找到那位愛的導師。也唯有從這個核心出發，我們才會與所有弟兄相通，悟出我們其實是一個生命。**（全書 288 頁）**

《療癒之鄉》

《療癒之鄉》中文版由美國「獅子心基金會」委託台灣「奇蹟資訊中心」出版。

作者羅賓．葛薩姜把《奇蹟課程》深奧又慈悲的教誨化為一套具體的情緒啟蒙和心靈復健課程，協助犯罪和毒癮的獄友破除心理障礙，學習處理人與人之間的衝突，調整情緒，建立自信，切斷「憤怒→攻擊→憤怒」的惡性循環。《療癒之鄉》陪伴無數受刑人度過獄中歲月。

《療癒之鄉》也是為所有困在自己心牢裡的讀者而寫的。世間幾乎沒有一人不曾經歷童年的創傷、外境的壓迫，以及為了生存而形成種種不健康的自衛模式。獄友的心路歷程給予我們極大的啟發，鼓舞我們步上心靈療癒之路。**（全書 440 頁）**

《我要活下去》

這本書不只是一本鼓舞信心的療癒指南，還是一個女人把自己從鬼門關前拉回來的真實故事。

作者朱蒂．艾倫博士（Judy Edwards Allen, Ph.D.）原本是成功的專業顧問、大學教授、大學教科書作者，四十歲那年獲知罹患乳癌的「噩耗」，反而成為她生命的轉捩點，以清晰、熱情的文筆，記錄了她奮力將原始的求生意念成功地轉化為「康復五部曲」的歷程。讀者會看到她如何軟硬兼施地與醫生打交道，如何背水一戰克服無助感，又如何透過寬恕，喚醒內心沉睡已久的愛與生命力。最後，她終於超越自己對生死的執著，在這一場疾病與療癒的拔河大賽中，獲得了靈性的凱旋。**（全書 280 頁）**

《時間大幻劇》

人們對於時間，存在著種種截然不同的看法，比如：時間是良藥，可以癒合一切創傷；善惡終有報，只等時候到；時間是無情的殺手，終將剝奪我們的一切⋯⋯。人類早已視時間的存在為天經地義，戰戰兢兢地活在過去的懊悔、現在的焦慮和對未來的恐懼中。我們好似活在一座無形的牢籠裡，苟延殘喘，等待大限的到來。

《奇蹟課程》的泰斗肯恩博士曾說：「不了解時間，不可能讀懂《奇蹟課程》的。」

他引經據典，將散落全書有關時間的解說，梳理出一個完整的思想座標，猶如點睛之龍，又如劃破文字叢林的一道靈光，讓我們一窺《奇蹟課程》的究竟堂奧（究竟義）。此書可說是肯恩留給奇蹟資深學員最珍貴的禮物。**（全書413頁）**

《奇蹟課程誕生》

《奇蹟課程》的來歷究竟有何玄虛？為什麼它選擇經由海倫．舒曼博士來到人間？它的記錄方式及成書過程，與它傳給人類的訊息有何內在關係？有幸親炙此書的我們，又該如何延續奇蹟精神的傳承？

不論你只是好奇《奇蹟課程》的精采傳奇，還是有心以「史」為鑒，窮究奇蹟的傳承精神，本書都提供了最可靠的第一手資料。作者因與茱麗、海倫與比爾等人交往密切，故受這些開山元老之託，冷靜而客觀地梳理《奇蹟課程》的記錄及成書經過，佐以三位奇蹟元老的親筆自白，融鑄成一部信實可徵的《奇蹟課程》誕生史，帶領讀者重新走過五十年前那段精采神奇的心靈歷程。**（全書195頁）**

《飛越死亡的夢境》

本書榮獲美國出版界著名的「活在當下書籍獎」（Living Now Book Awards），全書以嶄新的視角詮釋曠世靈修經典《奇蹟課程》的教誨，為讀者剴切指出「起死回生」的著力點。

作者特別選取在人間每個角落不時作祟的「死亡陰影」入手，揭露小我抵制永恆生命的伎倆。作者以親身的經歷為奇蹟作證，並且提供了極其實用的反省練習，解除我們潛意識中對死亡的恐懼，為百害不侵的生命本質開啟了一扇門，真愛與喜悅得以流過人間，讓奇蹟成為日常生活裡「最自然的事」。**（全書524頁）**

國家圖書館出版品預行編目資料

奇蹟課程釋義：學員練習手冊行旅. 第七冊（151-160課）／肯尼斯．霍布尼克博士（Kenneth Wapnick, Ph.D.）著；若水譯 -- 初版 -- 臺中市：奇蹟課程有限公司奇蹟資訊中心，2025.3
面；　公分
譯自：Journey through the workbook of a course in miracles: the study and practice of the 365 lessons
ISBN 978-626-98808-2-9（平裝）
1. CST: 靈修
192.1　　114002107

奇蹟課程釋義

學員練習手冊行旅　第七冊

作　者　肯尼斯．霍布尼克博士（Kenneth Wapnick, Ph.D.）
譯　者　若 水
責任編輯　李安生
校　對　李安生　黃真真　吳曼慈
封面設計　林春成
美術編輯　陳瑜安工作室
出　版　奇蹟課程有限公司．奇蹟資訊中心
臺中市潭子區福潭路143巷28弄7號
聯絡電話　（04）2536-4991
劃撥訂購帳號　19362531　戶名　劉巧玲
網　址　www.acimtaiwan.info
電子信箱　acimtaiwan@gmail.com

印　刷　世和印製企業（02）2223-3866
經銷代理　聯合發行公司
電話（02）2917-8022 # 162
（03）212-8000 # 335

定　價　新台幣 280 元
出版日期　2025 年 3 月初版

ISBN　978-626-98808-2-9